Herbert Stein

Quantenphysik, Neurowissenschaften und die
Zukunft der Psychoanaylse

edition psychosozial

Herbert Stein

Quantenphysik, Neurowissenschaften und die Zukunft der Psychoanalyse

Auf dem Weg zu einem neuen Menschenbild

Mit einem Geleitwort von
Michael B. Buchholz

Psychosozial-Verlag

Bibliografische Information Der Deutschen Bibliothek
Die Deutsche Bibliothek verzeichnet diese Publikation in der Deutschen
Nationalbibliografie; detaillierte bibliografische Daten sind im Internet
über <http://dnb.ddb.de> abrufbar.

Originalausgabe
© 2006 Psychosozial-Verlag
Goethestr. 29, D-35390 Gießen.
Tel.: 0641/77819; Fax: 0641/77742
E-Mail: info@psychosozial-verlag.de
www.psychosozial-verlag.de
Umschlagabbildung: Aurelie Nemours: »Passage, vers 1949«,
© VG-Bild Kunst Bonn, 2006
Umschlaggestaltung nach Entwürfen des Ateliers Warminski, Büdingen.
Lektorat: Dagmar Kühnle
Gesamtherstellung: Majuskel Medienproduktion GmbH, Wetzlar
www.majuskel.de
Printed in Germany
ISBN 3-89806-505-7

für Angelika

Inhalt

Geleitwort

Michael B. Buchholz

Dass man die Theorieprobleme der Psychoanalyse auf dem Niveau der Quantenphysik diskutieren kann, erscheint fast jedem buchstäblich und sofort – unglaublich! Die Neurowissenschaften ringen mit den Philosophen um eine Lösung des Leib-Seele-Problems, manche versprechen mehr, als sie tatsächlich halten können. Manche meinen, das Seelisch-Geistige als Nebensache des Neuronalen behandeln zu können, andere, wie Eccles, halten eher daran fest, dass die Ableitung des Bewusstseins aus der Hirnaktivität noch viele Generationen aktiver Forscher verbrauchen könnte, ehe man auch nur zur Aussicht auf eine Lösung gelangen könnte. Verschiedene Spielarten des Dualismus oder des Reduktionismus werden diskutiert – derzeit sieht es so aus, als könnten wir nur postulieren, dass wir in *einer* Welt leben und dennoch zugestehen müssten, eine Zwei-Welten-Theorie zu akzeptieren. Einerseits ist da das Materielle, andererseits ist da das Geistig-Seelische, und wie die Kluft überzeugend überbrückt werden könnte, erschließt sich bislang weder konzeptuell und auch nicht im letzten Detail. Und von den Kulturwissenschaften lernen wir obendrein, dass Kultur eine eigene Sphäre sei, wir also gar eine Drei-Welten-Theorie zu leben hätten. Das wiederum ist für Vertreter eines Weltbildes der klassischen Physik vollkommen inakzeptabel. In der Quantenphysik jedoch kann man an der Vorstellung der einen Welt festhalten.

Doch da ist nicht nur diese Kluft, sondern auch die zwischen den sozialen Welten. Nicht nur, dass Menschen verschiedener Herkunft, verschiedener Klassen, verschiedener Kulturen und verschiedener Religionen in ganz verschiedenen Welten leben, sondern auch, dass Individuen aus einer Kultur dennoch in sehr eigenen Welten zu leben meinen, so eigen, dass sie kaum geteilt, kaum mitgeteilt werden können. Verständigung ist schwierig, ähnliche Worte meinen ganz Gegensätzliches, kontrastierende Wertungen, kaum vermittelbare Erfahrungen trennen mehr als sie verbinden. Auch hier können wir kaum mehr als die Einheit der einen Welt lediglich postulieren, während wir die Differenzen mehr und mehr anzuerkennen gezwungen sind. Wir haben einen diversifizierenden Pluralismus, aber die Orientierung ist dadurch nicht leichter geworden; wir haben ein Bedürfnis nach Routine und Tradition, aber unsere hoch entwickelten reflexiven Fähigkeiten lösen Traditionsbestände unerbittlich auf; wir haben nicht nur die böse Erfahrung, dass es kein wahres Leben im falschen geben könne, in den Knochen, sondern wir fürchten uns auch davor, dass uns ein Wahrheitsanspruch als allein gültig und absolut aufdiktiert werden könnte – dann hätten wir zwar eine Wahrheit, aber sie würde uns nicht frei machen, sondern unterwerfen. Nervös geworden wissen wir nicht mehr so genau, wie wir die Sehnsucht nach Wahrheit von der nach Autorität unterscheiden können und das versetzt uns in beträchtliche Unruhe.

Steins Buch lässt auf eine eindringliche Weise erkennen, dass alle diese Themen, die so unentwirrbar scheinen, in ihrem Kern religiöse Fragen sind. Religion – das ist freilich nicht die Frömmigkeit der Kirchen oder die gelehrte Auslegung des Gotteswortes, das in Büchern festgehalten ist und deshalb zum Streit taugt. Das Religiöse, so kann es zunächst bestimmt werden, ist das, was von Aufklärung und wissenschaftlichem Szientismus verdrängt wird und dennoch den persönlichen Energie-Kern vieler intellektueller Bemühungen auflädt. Es ist das, worüber der Rationalismus meinte, sich erheben zu können und von dem wir nun wissen, dass der wissenschaftliche Fortschritt uns unter Umständen mehr Probleme als Lösungen aufbürdet. Das Religiöse ist das Ökologieproblem des Rationalismus.

Religiöse Fragen erneut ins Zentrum zu rücken, ist eine Kränkung des aufgeklärten Selbstverständnisses des modernen Menschen im Allgemeinen, von Psychoanalytikern insbesondere; denn diese halten nachdrücklich an der Idee der Aufklärung fest. Dass diese Aufklärung über den religiösen Kern zugleich eine quantenphysikalische Umstellung unseres Menschenbildes verlangt, ist natürlich eine Herausforderung. Aber sie darf getrost ernst genommen werden.

Den Bogen zwischen diesen so unerreichbar weit auseinander liegenden Kontinenten der Religion und der wissenschaftlichen Aufklärung spannte, noch im Schillerjahr darf er erinnert werden, Friedrich Hölderlin. Er hielt an der integrativen Idee der einen Welt fest, indem er den religiösen Kern sogleich aufsucht:

> »Und jeder hätte demnach seinen eigenen Gott, insoferne jeder seine eigene Sphäre hat, in der er wirkt und die er erfährt, und nur insoferne mehrere Menschen eine gemeinschaftliche Sphäre haben, in der sie menschlich, d. h. über die Notdurft erhaben wirken und leiden, nur insoferne haben sie eine gemeinschaftliche Gottheit; und wenn es eine Sphäre gibt, in der alle zugleich leben und mit der sie in mehr als notdürftiger Beziehung sich fühlen, dann, aber auch nur insoferne, haben sie alle eine gemeinschaftliche Gottheit«. (Hanser Ausgabe sämtlicher Werke und Briefe Bd. 1, S. 861)

In diesem Fragment aus den Jahren 1798–99, das den Titel »Über Religion« trägt, heißt es etwas später auch: »So wäre alle Religion ihrem Wesen nach poetisch«.

Die Idee einer gemeinschaftlichen und gemeinschaftsstiftenden Religion wird im hier vorliegenden Buch von Herbert Stein auf anspruchsvollem wissenschaftlichem Niveau aufgenommen. Lange Zeit wurden Psychoanalytiker im Glauben gehalten, das religiöse oder genauer, spirituelle Thema sei mit Freuds Religionskritik erledigt. Die Weltereignisse spätestens mit dem Beginn des neuen Jahrtausends aber haben uns belehrt, dass das ein Irrtum gewesen ist; die Auseinandersetzungen zwischen den Religionen nehmen kriegerische Ausmaße an. Was Frieden stiften könnte, ist nicht in Sicht. Die verschiedenen Religionen selbst scheinen eher kriegerische Auseinandersetzung im Namen »ihres« Gottes zu befördern.

Tatsächlich jedoch ist die Auseinandersetzung mit Glauben und Religion innerhalb der Psychoanalyse immer latent mitgeführt worden. Selbst in seinen späten Schriften, etwa in der »Neuen Folge der Vorlesungen« (GW XV, 170f) spricht Freud dort, wo er sich gegen die Religion wenden möchte, von der »wissenschaftlichen Weltanschauung« und das ist eine sehr merkwürdige Wortzusammenstellung. Natürlich, er möchte sich von animistischen oder religiösen Weltanschauungen abgrenzen und ihnen die Wissenschaft entgegensetzen. Wissenschaft ist ihm das Höchste. Aber indem er dann immer noch von »Weltanschauung« spricht, schränkt er die anvisierte überlegene Position der Wissenschaft gerade wieder ein und stellt die Wissenschaft nicht über, sondern neben andere Weltanschauungen. Als wüsste er, dass sie Ersatz für das Religiöse wäre.

Doch auch in anderen Zusammenhängen spielt er immer wieder auf die Verbindung zum Religiösen an. In einem Brief an seinen schweizerischen Freund Oskar Pfister vom 25. November 1928 schreibt er:

> »Ich weiß nicht, ob Sie das geheime Band zwischen der ›Laienanalyse‹ und der ›Illusion‹ erraten haben. In der ersten will ich die Analyse vor den Ärzten, in der anderen vor den Priestern schützen. Ich möchte sie einem Stand übergeben, der noch nicht existiert, einem Stand von *welt*lichen Seelsorgern, die Ärzte nicht zu sein brauchen und Priester nicht sein dürfen.«

Psychoanalytiker also werden hier als »weltliche Seelsorger« entworfen und das fordert Freud nicht nur in seiner privaten Korrespondenz, sondern schreibt fast gleichlautend im »Nachwort der Laienanalyse« (GW XIV, S. 293):

> »Mit der Formel ›Weltliche Seelsorge‹ könnte man überhaupt die Funktion beschreiben, die der Analytiker, sei er nun Arzt oder Laie, dem Publikum gegenüber zu erfüllen hat.«

Überhaupt spricht er, als wolle er sich gegen die naturwissenschaftliche Diktion auch abgrenzen, viel häufiger als man erwartet von der »Seele« und nicht von der »Psyche« und stellt auch so, zwischen den Zeilen, jenen Zusammenhang zur religiösen Sprache her, den die offizielle Theorie verwirft.

Es wäre aber auch zu erstaunlich, wenn Freud die Potenziale des Nachdenkens des Menschen über sich selbst verwerfen würde, die in religiösen Formulierungen und Praktiken seit Jahrtausenden gesammelt und weitergegeben wurden; sie sind ihm, der in klassischer Bildung erzogen wurde und sich enorme Kenntnisse auch des Alten Ägypten angeeignet hatte, natürlich nicht verborgen geblieben. Beide so widersprüchliche Formeln, die von der »weltlichen Seelsorge« und die von der »wissenschaftlichen Weltanschauung«, versuchen vielmehr, an diese Traditionen anzuschließen und sie zugleich, auf der Höhe der Moderne, zu überwinden – kirchliche Frömmigkeit ist Freuds Sache nicht.

Eine Voraussetzung des Buches von Herbert Stein ist, dass das Religiöse *nicht* mit dem Kirchlichen und Dogmatischen gleichgesetzt werden darf. Wer die Einleitungs-Worte des christlichen Glaubensbekenntnisses nachspricht »Ich glaube an...« baut schon eine Differenz zu jenen auf, die an einen anderen Gott glauben und muss in Worten etwas vor sich hin murmeln, was der Psychoanalytiker leicht als kollektive Reaktionsbildung erkennen kann – was aber ist das, wogegen da eine Reaktion des Wörtlichen gebildet wird? Was wird auf diese Weise abgewehrt?

Diese Frage zu klären ist zentral; wer nämlich zu formulieren beginnt »Ich glaube an...« und dabei monotheistisch an einen und nur den einen Gott denkt, muss in letzter Konsequenz »falsche« Glaubenslehren, also die Monotheismen der anders Gläubigen, bekämpfen. Ein Monotheismus muss irgendwo immer eine Formel von der Art »Du sollst keine anderen Götter neben mir haben« enthalten und kann deshalb aus grundsätzlichen Gegebenheiten heraus nicht tolerant sein. Das Aufeinanderprallen der Monotheismen, insbesondere die Auseinandersetzung zwischen christlichem Fundamentalismus (amerikanischer Prägung) und islamischem Fundamentalismus, bestimmt derzeit die Weltlage am gefährlichsten. Die Schriftgelehrten der verschiedenen Religionen haben diese Gefahr durchaus erkannt und suchen dringend den Dialog miteinander. Dass Kriege immer auch aus Interessen (irakisches Öl) geführt werden, ist davon unbenommen; ohne religiös motivierte Massenloyalitäten jedoch kommen sie nicht zustande. Dass wir heute von Monotheismen im Plural sprechen müssen, ist eine unauflösbar scheinende Paradoxie, gebraut aus den Überzeugungen der Gläubigen, seien sie islamischer, jüdischer oder christlicher Textlichkeit verpflichtet, zusammen mit den Anforderungen einer Moderne, die sich immer schon reflexiv die Grundlagen der eigenen Selbstgewissheiten kontingent zu entziehen gelernt hat, denn es könnte ja immer alles auch anders gekommen sein. Dass wir an diesen (und nicht an jenen) Gott glauben, sollen wir dann dem Zufall der Geburt, der Lektüre, der Kultur, der Unterrichtung überlassen? Das kann ein Gläubiger wiederum nicht glauben.

Ist die Alternative also ausschließlich der Polytheismus oder ein Monotheismus im Plural? Bleibt uns nur, zur Vielgötterei zurückzukehren oder uns in ein Paradox zu flüchten? Das ist natürlich für jeden echten monotheistisch Gläubigen keine wirkliche Alternative. Wer an seinen Gott als Einzigen glaubt, kann Vielgötterei allenfalls aus pragmatischen Gründen der Nützlichkeitserwägung dulden, wirklich tolerieren wird er sie nicht können. Was also bleibt außer der schändlichen Wahl zwischen einem unglaubwürdigen, pseudo-toleranten Polytheismus bzw. einem pluralisierten Monotheismus oder aber einer kriegerischen Entscheidungsfindung?

Das große Denkangebot des Buches von Herbert Stein heißt hier: nicht Monotheismus, sondern Monismus. Das ist ein entscheidend wichtiger Unterschied um ein paar Buchstaben. Es geht um eine religiöse Erfahrung nicht vor, aber jenseits ihrer sprachlichen bzw. textlichen Fassung. Und diese religiöse Erfahrung kann, das ist das Aufregende an Steins Buch, mit naturwissenschaftlichen Befunden, die zu einer massiven Verschiebung unseres Weltbildes längst hätten führen müssen, verbunden werden. Monistisch denken heißt, die Einheit der Welt »sehen«, wobei das Verb »sehen« nur ein schwacher Abklatsch dessen ist, was in der mystischen Tradition »Schau« genannt worden wäre, aber weil diese nicht mehr so ganz up-to-date ist, will ich hier zunächst weiter vom »sehen« sprechen. Einheit der Welt – das schließt uns ein. Monismus ist also eine Denkrichtung, die auch den Dualismus – etwa zwischen Materie und Geist, »mind« und »brain« – überwinden will. Steins Buch gibt dazu vielfältige Anstöße.

Ich will hier ein paar jener Stationen erinnern, die monistisches Denken vorbereitet haben. Der katholische Kardinal Nikolaus Krebs, genannt Nicolaus Cusanus, ist von der Eroberung Konstantinopels 1453 durch die Türken derartig bewegt, dass er eine Schrift »Vom Frieden zwischen den Religionen« verfasst, von der das Erstaunlichste ist, dass sie von seiner eigenen Kirche nie verboten wurde. Denn kurz vorher hatte Papst Nikolaus V. die Christenheit zum Kreuzzug gegen den »Antichrist«, nämlich gegen die Türken, aufgerufen. Mit diesem Antichrist nun setzt sich Cusanus in seiner Schrift gemeinsam an einen Tisch und fingiert einen Dialog, besser einen Trialog, denn ein Vertreter des Judentums kommt ebenfalls dazu. Die Schrift von Cusanus wurde von den Heidelberger Theologen Klaus Berger und Christiane Nord aus der gleichen Sorge, die auch Stein umtreibt, neu übersetzt und (im Insel-Verlag 2002) herausgegeben. Die historische Konstellation zwischen den Religionen des Islam, des Judentums und des Christentums ist der heutigen vergleichbar, nur mit gleichsam umgekehrten Vorzeichen; der Islam war damals militärisch erfolgreich. Wie ist Frieden möglich? Cusanus also fingiert ein Gespräch – und das ist schon viel. Er will anregen, die eigene Religion gleichsam aus der Perspektive des Anderen zu sehen. Nimmt man diese Perspektive erst einmal ein, kann man sehen, dass alle Religionen dasselbe voraussetzen und in der *participatio* ihren Gläubigen Anteil daran gewähren. Die religiösen Formen sind nur die äußerlichen Riten und deshalb kann im Verlauf des Gesprächs die Aufforderung an die Christen erhoben werden, zwischen *religio* und *ritus* zu unterscheiden. Klar werden kann allen Gläubigen, dass der Wahre Name Gottes unbekannt und unaussprechlich ist. So heißt es im Text (S. 63):

> »Als der Schöpfer ist Gott dreifaltig und doch nur einer. Als der Unendliche ist er weder dreifaltig noch einer noch sonst etwas, das man in Worte fassen kann. Denn die Begriffe, mit denen man Gott belegt, sind aus der kreatürlichen Welt entlehnt, weil er selbst für sich genommen nicht mit Worten zu beschreiben ist und über allem steht, was benannt oder gesagt werden kann. Wer daher Gott anbetet, soll ihn als den Ursprung des Universums anbeten.«

Was aber ist der Ursprung des Universums? Stein (1985) hat in einem Artikel an eine fast vergessene Arbeit des Psychoanalytikers Eckstein vom Anfang der 1930er Jahre erinnert, worin dieser Psychoanalytiker sich auf einen mathematisch interpretierten Text von Leibniz bezieht, der hier Erwähnung finden muss. Leibniz bzw. seine Kommentatoren stellen sich einen Kreis vor, aus dessen Mittelpunkt M eine im Prinzip unendlich lange Linie L herausführt. Irgendein beliebiger Punkt A auf dieser Linie kann zum Ausgangspunkt für das Anlegen von zwei Tangenten T1 und T2 an den Kreis werden. Die Tangenten bilden mit dem Kreis dann zwei Berührungspunkte a' und a". Die Projektion dieser Berührungspunkte trifft im rechten Winkel auf die Linie L innerhalb des Kreises und bildet dort den Schnittpunkt A'. Der so erzeugte Schnittpunkt A' ist dann der mathematisch präzise berechenbare Projektionspunkt des außen auf der Linie L befindlichen Punktes A.

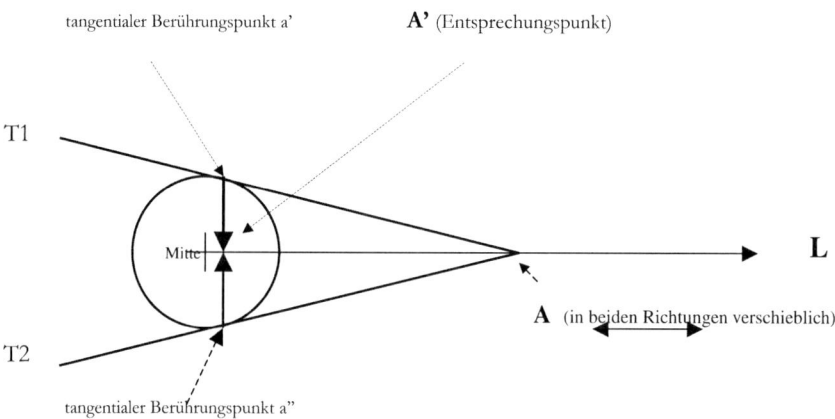

A und A' bilden eine genaue Entsprechung. Wenn man sich klar macht, dass die Linie L in jede beliebige Richtung vom Kreismittelpunkt aus gedreht werden kann, hat man auf diese Weise eine mathematisch-geometrische Möglichkeit, für *jeden* beliebigen Punkt der Außenwelt einen genauen Entsprechungspunkt innerhalb zu finden. Und nun der philosophisch aufregende Gedanke.

Je näher A am äußeren Kreisrand liegt, desto steiler ist der Winkel der Tangenten, desto näher an der inneren Peripherie liegt der Entsprechungspunkt A'. Je weiter man A auf der Linie L entfernt, desto näher kommt der Entsprechungspunkt A' dem Mittelpunkt des Kreises. Wenn man sich gedanklich A in die Unendlichkeit entfernt vorstellt, dann werden auch die Tangenten parallel zur Linie L und damit fällt A' mit dem Mittelpunkt des Kreises zusammen. Der Kreis kann beliebig klein oder auch als Kugel gedacht werden.

Leibniz bzw. seine Kommentatoren, so stellt Stein (1985) in seiner Arbeit heraus, artikulieren hier ein geometrisches Modell für eine eigentlich spirituelle Erfahrung:

14

dass die Unendlichkeit des Universums und das Zentrum des Selbst identisch sind. Der Ursprung des Universums, um zu Cusanus zurückzukehren, läge dann nicht in einem weit in der Unendlichkeit des Weltalls entfernten Raum-Zeit-Punkt, sondern im eigenen Selbst. Wer sich hier hinein versenken könnte, wäre zutiefst verinnerlicht und zugleich am äußersten Punkt der Welt, dort, wo die Tradition Gott vermutet.

Im Grunde genommen ist es unglaublich, dass diese Leibniz'sche Einsicht und ihre Wiedervorführung durch Stein so vollkommen ignoriert wurde. Denn sie ruht auf einer umfangreichen philosophischen Tradition, die hier auf nur geometrische Weise im Anschluss an den Erfinder der Differential- und Integralrechnung, Leibniz, demonstriert wird.

Ein Vertreter einer wichtigen solchen Tradition ist der Philosoph des 3. Jahrhunderts, Plotin, der meist etwas geringschätzig als Gnostiker abgetan wird, obwohl er gegen die Gnostiker polemisierte. Aber wenn wir uns vergegenwärtigen, was Leibniz hier gerade gezeigt hat, dann ist das nichts anderes als eine gnostische Idee. Verteufelungen helfen schon deshalb nicht weiter, weil einer der immens einflussreichen Philosophen der Zeit nach dem Ersten Weltkrieg, Leopold Ziegler, in seinem 1922 erschienenen Buch *Gestaltwandel der Götter* Plotin als den »ersten abendländischen Philosophen des Unbewußten« (Band 2, S. 853) heraushebt. Ziegler erhält für dieses Buch 1922 den Nietzsche-Preis und im Jahre 1929 den Goethe-Preis der Stadt Frankfurt, Freud wird ihn 1930 erhalten. Bei Plotin findet sich, wie Beierwaltes (2001) ausführlich zeigt, wohl erstmalig der Begriff eines »wahren Selbst«, der dann scheinbar ursprungslos bei Winnicott ins Zentrum von dessen Auffassung der Psychoanalyse gerät. Winnicott ist selbstverständlich nicht vorzuwerfen, seinen Plotin nicht zu kennen; es geht nicht um Plagiatsvorwürfe, die absurd wären. Der Kern der Sache ist, dass hier ein philosophischer Begriff erneut auftaucht, der die geheime Verbindung von Psychoanalyse und Spiritualität auch deshalb unterstreicht, weil Winnicott seinerseits an vielen Stellen die Verbindungen zwischen mystischen Erfahrungen und psychoanalytischer Praxis herausstellt, ebenso wie übrigens Freud (etwa in den »Vorlesungen«) durchaus auch selbst.

Dass der *Gestaltwandel der Götter* oft in einem Atemzug mit Spenglers *Untergang des Abendlandes* genannt wurde, hat Ziegler mehr als verdrossen. Ziegler reagiert auf die »Gott-ist-tot«-Diagnose Nietzsches und fasst, Cusanus erstaunlich nahe, die ausformulierten Glaubenslehren als historische Gestalten auf, die aufblühen und vergehen, darin Goethes »Stirb und werde!« folgend. Sieht man aber, wie die religiösen Gestalten sich historisch wandeln, könnte es möglich werden, so der Ziegler'sche Optimismus, das zu sehen, was auf dem Grunde des Wandels kontinuiert: »Und von hier aus könnte dann … ein Tropfen jenes einhaltenderen, atemholenderen, gelasseneren, feiertäglicheren Zeitmaßes balsamisch lind, bindend und sänftigend ins fiebrige Getriebe ci-devant Europas fallen und endlich, endlich unserer Geschichte ein Gut retten, das sie bis heute in verhängnisvollen Graden hatte durchweg missen lassen, – Dauer!«

In einer Zeit, die beschleunigt ihre Beschleunigung und die Zerfräsung ihrer Traditionen beklagt, ist es Anlass zum Atemholen, wenn man bemerkt, dass hier einer schon vor 80 Jahren so schreibt, aber ebenso wenig wie Stein zu irgendeiner Kirchenfrömmigkeit zurück will:

> »Nur keine Frömmigkeit aus Schwäche, nur kein Glaube aus Ekel, nur kein Gott aus dem *horror vacui,* nur kein Kultus des Unsinnigen aus Ungenügen am Sinnhaften, nur keine Metaphysik aus Übelkeit an der Physik, nur keine Theologie aus Mutlosigkeit über die Kosmologie, nur kein Dogma aus Verzweiflung an der Kritik, nur keine Übergabe an den Okkultismus aus der Unvermeidlichkeit eines gewissen Irrationalismus. Lieber noch ein tapferer Nihilismus als die Fußfälle der Zerbrechenden und Gebrochenen«.

Nein, um winselnde Frömmigkeit geht es gewiss nicht. Es geht, wie Jongen (2002) formuliert, um eine »Religion zweiter Ordnung«, um eine Religion, die damit leben kann, dass dem modernen Menschen religiöse Kirchenfrömmigkeit grundsätzlich beendet und inakzeptabel ist. Ziegler denkt auf der Höhe der Moderne und darüber hinaus und gegen den regressiven Rückfall; er will weiter zur »Nichtvergessenheit«, so übersetzt er Aletheia, Wahrheit. Und Wahrheit, daran hält er fest, muss mehr sein als das mit naturwissenschaftlichen Methoden Ermittelbare. Deshalb spricht er vom »Mythos der Wissenschaft«, die er als ihrer religiösen Wurzeln selbst ganz unbewusst herausstellt. Die Wissenschaft kann nicht ignoriert werden, aber sie nimmt an vielen Stellen Energien und Ressourcen in Anspruch, die nicht die ihren sind. Schon Nietzsche formulierte:

> »Diese Beiden, Wissenschaft und asketisches Ideal, sie stehen ja auf Einem Boden […]: nämlich auf der gleichen Überschätzung der Wahrheit […], eben damit sind sie sich *nothwendig* Bundesgenossen, […] Nein! diese ›moderne Wissenschaft‹ – macht euch nur dafür die Augen auf! – ist einstweilen die *beste* Bundesgenossin des asketischen Ideals, und gerade deshalb, weil sie die *unbewussteste*, die unfreiwilligste, die heimlichste und unterirdischste ist!« (*Genealogie der Moral* 1887, S. 402f)

Die Wissenschaft setzt sich an die Stelle des Gottes, ohne es zu bemerken, und dies zu kritisieren kommt aus einem Motiv verwandt dem Walter Benjamins in seinem Fragment »Kapitalismus als Religion« (Baecker 2003). Wir haben also mehr neue Götter eingesetzt als wir wissen, Wissenschaft oder Kapitalismus – aber unter diesen Titeln erscheinen sie uns dann als jenseits der Kritik.

Die Verluste bleiben so unbemerkt, sind jedoch Schriftstellern nicht entgangen. Bei Robert Musil in seinem *Mann ohne Eigenschaften* kann man über das Verhältnis von Wissenschaft und Religion lesen:

»Ohne Zweifel war er ein gläubiger Mensch, der bloß nichts glaubte: seiner größten Hingabe an die Wissenschaft war es niemals gelungen, ihn vergessen zu machen, dass die Schönheit und Güte der Menschen von dem kommen, was sie glauben, und nicht von dem, was sie wissen. Aber der Glaube war immer mit Wissen verbunden gewesen, wenn auch nur mit einem eingebildeten, seit den Urtagen seiner zauberhaften Begründung. Und dieser alte Wissensteil ist längst vermorscht und hat den Glauben mit sich in die gleiche Verwesung gerissen; es gilt also heute, die Verbindung neu aufzurichten. Und natürlich nicht etwa bloß in der Weise, dass man den Glauben ›auf die Höhe des Wissens‹ bringt; doch wohl aber so, dass er von dieser Höhe auffliegt. Die Kunst der Erhebung über das Wissen muss neu geübt werden«.

Die Übung dieser Kunst ist auch Zieglers Anliegen. Ziegler (Band 2, S. 855) formuliert die starke These:

> »Bewusstsein schädigt das Selbst, Bewusstsein verarmt das Selbst, Bewusstsein staut das Selbst; dieser von den alltäglichsten Erfahrungen belegte Sachverhalt, – man denke zum Beispiel nur an einen Zeugungslustigen, der während der Zeugung sich der wissenschaftlich bekannten Schilderungen, Darstellungen und Erklärungen der Zeugung in mechanischer, biologischer, psychoanalytischer, philosophischer Hinsicht bewusst bleiben wollte oder sich die Vorschriften der Hygiene, der *ars amandi* dabei vergegenwärtigte! – dieser Sachverhalt also erlangt hier eine hohe Wichtigkeit. Und sicherlich verdient in diesem Zusammenhang hervorgehoben zu werden, dass eine religiöse Praxis wie die gotamidische, in jedem Gebot auf eine radikale Ausmerzung und Tilgung des Selbstes gerichtet, ihren Anhängern nichts so zur heiligen Pflicht macht als eben die strengste Schärfung, Anstachelung, Wartung, Übung des Bewusstseins.« (S. 855)

Nun ist es interessant, dass sich beinah gleichlautende Äußerungen bei Dostojewski finden. Er lässt in den *Aufzeichnungen aus einem Kellerloch* einen Protagonisten klagen: »Ich schwöre Ihnen, meine Herrschaften, Übermaß an Bewusstsein ist eine Krankheit, eine echte schwere Krankheit«. Aber überraschend dürfte sein, wenn wir das gleiche bei Freud selbst lesen. In seiner Schrift *Das Unbewußte* (GW X, S. 291) fordert er zu »lernen, uns von der Bedeutung des Symptoms ›Bewusstheit‹ zu emanzipieren«. Eine Begründung freilich liefert Freud für diese Auffassung von der Bewusstheit als einem Symptom nicht, aber vielleicht hilft hier nun Ziegler wiederum weiter, denn bei ihm lesen wir:

> »Einerlei also, ob die Praxis der Religionen die Schärfung des Bewusstseins befürworte oder seine Abstumpfung, seine Spannung oder seine Dämp-

fung, – unter keinen Umständen verwechselt sie das Ich mit dem Selbst, die Persönlichkeit mit der Seele, das Bewusstsein mit dem Leben. Wo daher immer auch diese Praxis dem Menschen Selbstverzicht und Selbstverleugnung ansinne bis an die Grenzen hin der Selbstverkümmerung und darüber hinaus: grundsätzlich lässt sie ihn hoffen, dass er sein Ich stets wieder an seinem Selbst entzünde und mit dessen strahlenden Energien neu lade.« (S. 857)

In psychoanalytischen Terms formuliert könnte man sagen, die hier formulierte Seelsorge für die Welt ist eine, die sich um das Selbst sorgt, ein Selbst, das mit Leibniz zugleich Zentrum und Unendlichkeit des Universums wäre und von einem hypertrophierten Ich erdrückt wird, von Rationalität, Plan- und Kalkulierbarkeit, von Wissenschaftlichkeit und (moralischer) Einsicht. Eine der Fragen, die Stein beschäftigen, ist auch die, ob wir das so marginalisierte Selbst jenen überlassen wollen, die es für ihre rechten Zwecke ausbeuten. Sie inszenieren rechtsradikale politische Bewegungen mit politischem Sinn für die hier thematisierten Selbst-Verluste, und eine aufgeklärte Kritik, die sich dem Thema des Religiösen nicht stellen könnte, bliebe demgegenüber begriffslos und taub.

Die »Übung des Bewusstseins«, die Ziegler hier meint, hat einen traditionellen Namen: Meditation. Sie war nicht nur in der indoasiatischen Tradition verwurzelt, sondern wurde auch von Max Scheler, dem meistgelesenen Philosophen der Zeit nach dem Ersten Weltkrieg, als Zentrum und Ausgangspunkt der Philosophie herausgestellt (Opitz 2005). Scheler wiederum wurde zum Teil von Eric Voegelin als philosophischer Lehrer anerkannt, der nach seiner erzwungenen Emigration nach dem »Anschluss« Österreichs 1938 einen Begriff prägte, der seitdem für die hier in Rede stehenden Themen von Bedeutung ist: Politische Theologie (Voegelin 1938/1996). Voegelins soziologischer Lehrer Othmar Spann hatte den Begriff der »Gezweiung« geschaffen, den er dem herrschenden Individualismus entgegensetzen wollte: indem wir mindestens immer schon zu zweit sind, ist dem »Ich« etwas vorausgelaufen, das es sich zurückgewinnen kann, wenn es gegen die Verdrängung, wie die Psychoanalyse sagen würde, anarbeitet. Dieses Verlorene ist jene Einheit des Selbst-in-der-Verbundenheit, die weit über den Individualismus hinausgeht und bei Scheler seine Religionsphilosophie begründet, bei Voegelin aber die Grundlage des Politischen. Wer Gruppenkonflikte immer nur als von Interessen geleitet ansieht oder von Instinkten der Rasse, der Nationalität oder der Klassen, verliert bereits die Vorstellung einer möglichen Befriedung in der gemeinsamen Bezugnahme auf den gleichsam göttlichen Ursprung des Menschlichen. Diese Beziehung entwickelt Voegelin im Rückgriff auf Augustinus in großer Detailliertheit, die ich hier nicht wiedergebe; da Voegelin seinerseits die Meditation als Voraussetzung auch der politischen Philosophie anerkennt, meint er natürlich nicht den Kirchengott, sondern die spirituelle Erfahrung – wie sie jeder kennt, der meditiert, wie sie von Cusanus, Scheler, Ziegler und vielen anderen in Anspruch genommen wird. Wer aber auch nur etwas mit den Befunden der empirischen baby-watcher vertraut ist, wird plötzlich merken, hier geht es ja gar nicht nur um Empirie, sondern um just jene philosophischen Fragen der sozialen, gleichsam »horizontalen« Verbundenheit mit anderen Menschen, des Ursprungs und des Aufstrebens in »vertikaler« Richtung der Höherentwicklung des eigenen Bewusstseins, die bei den genannten Autoren aus ähnlichen Motiven der »weltlichen Seelsorge« heraus und in Freud'scher Zeitgenossenschaft verhandelt worden sind. Psychoanalyse hat hier gute, aber bedauerlicherweise vergessene Nachbarn und Zeitgenossen.

Und nun ist das weiter Überraschende an Steins Buch, dass er zeigen kann, eben diese spirituell-meditative Erfahrung wird auch von jenen »harten« Naturwissenschaftlern in Anspruch genommen, die gleichsam unsterbliche Verdienste um die Entwicklung der Quantentheorie erworben haben. Physiker wie Schrödinger oder neuerdings der Vorsitzende der Weizsäcker-Gesellschaft, Thomas Görnitz, zögern nicht, Probleme des Bewusstseins und der astronomischen Kosmologie »in einem Zug« zu denken, um die so verhängnisvollen Spaltungen unseres Denkens wie unserer Kultur zu überwinden. Bewusstsein wäre, mit Leibniz, Zentrum des Kreises, Kosmologie aber »Unendlichkeit«. Moderne Naturwissenschaft sorgt für eine Annäherung beider, die begrifflich und meditativ zusammengebracht werden können.

Dass es im indoasiatischen Raum seit Jahrtausenden Vorläufer und Vordenker dazu gibt, erinnert Stein auf dem Hintergrund einer jahrelangen intensiven Beschäftigung mit dieser Philosophie und persönlichen Erfahrungen meditativer Praxis dort. Dennoch ist er ein »mit allen Wassern gewaschener« Psychoanalytiker und Kenner abendländischer philosophischer Traditionen, ein Autor also, dessen Anregungen verfolgt und aufgenommen werden wollen. Er spricht begrifflich aus und meditativ an. Nach allem was ansteht, muss es immer um beides gehen.

Das Buch, als Summe einer Lebenserfahrung, will Zeit und Muße, Verständigkeit und Verstand. Es geht weit über enge psychoanalytische Denkhorizonte hinaus; aber ist es nicht das, was wir derzeit brauchen, was Not tut?

Literatur

Baecker, D. (Hrsg.) (2002): Kapitalismus als Religion Berlin (Kulturverlag Kadmos)

Beierwaltes, W. (2001): Das wahre Selbst. Studien zu Plotins Begriff des Geistes und des Einen Frankfurt (Vittorio Klostermann)

Freud, S. (1915): Das Unbewusste. G.W., Bd. 10, S. 263 Frankfurt (S. Fischer)

Freud, S. (1926): Die Frage der Laienanalyse. G.W., Bd. 14, S. 207 Frankfurt (S. Fischer)

Freud, S. (1927): Nachwort zur Frage der Laienanalyse. G.W., Bd. 14, S. 287 Frankfurt (S. Fischer)

Freud, S. (1933): Neue Folge der Vorlesungen zur Einführung in die Psychoanalyse. G.W., Bd. 15 Frankfurt (S. Fischer)

Jongen, M. (2002): Religion zweiter Ordnung. Leopold Zieglers ›Gestaltwandel der Götter‹. In: Sinn und Form, 54. Jg., H. 4, S. 473–484

Kues, N. v. (Cusanus) (1453/1996): Vom Frieden zwischen den Religionen – Lateinisch-Deutsch, Frankfurt/Leipzig (Insel-Verlag)

Stein, H. (1985): Die Geometrie des »wahren Selbst« (Winnicott). Über eine psychoanalytische Leibniz-Studie von F. Eckstein aus dem Jahre 1931 In: Zeitschrift für Klinische Psychologie, Psychopathologie und Psychotherapie, 33. Jg., S. 367–376

Voegelin, E. (1938/1996): Die politischen Religionen. München (Wilhelm Fink).

Ziegler, L. (1922/2002): Gestaltwandel der Götter (Reprografischer Nachdruck der Neuauflage Darmstadt 1922), Gesammelte Werke in Einzelbänden, Band 2/1, Würzburg (Königshausen & Neumann)

Ziegler, L. (1922/2002): Gestaltwandel der Götter (Reprografischer Nachdruck der dritten Auflage Darmstadt 1922) Gesammelte Werke in Einzelbänden, Band 2/2, Würzburg (Königshausen & Neumann)

Vorwort

Die Arbeit ist gedacht für Menschen, die mit den großen Religionen und deren Gruppierungen in Schwierigkeiten geraten sind, aber auch nicht sich zufrieden geben wollen mit den resultierenden modernen Positionen des Agnostizismus, Atheismus, Skeptizismus, Szientismus, oberflächlichem Hedonismus und ebensolcher Aufklärung. Sie ist auch gedacht für Gläubige der großen Religionen, die das Gespräch mit den anderen Gruppen der Gesellschaft suchen.

Die drei großen Buchreligionen Judentum, Christentum und Islam sind monotheistisch. Gott und Schöpfung oder Gott und Mensch stehen sich gegenüber, es sind so immer mindestens zwei, ein Dualismus.

Monismus ist nicht Monotheismus.

Der bekannteste Monismus ist der materialistische. Alles Lebendige, Psychische, Gesellschaftliche, Kulturelle, darunter das Religiöse, sind Epiphänomene der Materie. Allenfalls durch höhere Komplexität entsteht scheinbar etwas anderes als Materie.

Der geistige, ideelle, idealistische oder spirituelle Monismus kehrt die Sicht um. Heute kann es so erscheinen, als bilde die grundlegende Wissenschaft von der Materie, die Physik, früher das Bollwerk des Materialismus, die Grundlage eines neuen und doch uralten geistigen Monismus. Die Physik ist »ökumenisch«, sie gilt weltweit.

Der Autor ist Psychoanalytiker. Er ist an den philosophischen Implikationen, historischen, sozialen und thematischen Hintergründen und Konsequenzen für die Psychoanalyse interessiert. Solches Erkenntnisinteresse beschränkt sich nicht auf die dem Psychoanalytiker und Psychotherapeuten naheliegende Frage: Was bedeutet das für die psychotherapeutische Praxis? Dennoch ist das Interesse nicht rein akademischer Art. Philosophen werden den in ihrem Fach üblichen methodischen diskursiven Untersuchungsgang vermissen – es bleibt vielfach bei Hinweisen – und stattdessen, darin mit den Psychoanalytikern einig, das diagnostizieren, was man Autoritätsabhängigkeit nennen könnte. Indessen ist der Psychoanalytiker in gewissem Maß gezwungen, auf benachbarten Gebieten, die für die Psychoanalyse wichtig sind, nach dem Vorbild Freuds zu dilettieren. Diskursive Untersuchungen sind unangemessen auf dem Gebiet der Psychoanalyse, ebenso auf dem einer meditativen monistischen Philosophie, wie der Autor das Feld, auf dem sich die Darlegungen der folgenden Kapitel bewegen, vorläufig nennen möchte. Was dabei als authentische Erfahrung bezeichnet werden muss, kann von außen als naiv und allzu »subjektiv« empfunden werden. Indessen ist gerade das Subjekt grundlegend und immer noch neu entgegen der alles umfassenden Forderung der Wissenschaften nach Objektivität zur Geltung zu bringen. Solches versucht heute die Quantenphysik (vgl. Malin 2003, 196 ff). Der Weg führt, zusammen mit vielen vermittelnden Positionen der westlichen Philosophie, in eine Integration mit östlichen, vor allem indischen, dann auch japanischen Philosophien, wenn es denn erlaubt sei, diese so zu nennen, zur »All-Einheit« (Henrich 1985). Dieser Integration gehört, auch über die Philosophie der modernen Physik, aber nicht abhängig von ihr, die Zukunft. So ist nicht die Psychoanalyse der zentrale Gegenstand, allenfalls bildet ihre neu verarbeitete Kulturtheorie einen persönlichen Ausgangspunkt für einen Gang auch durch die Kulturen und Religionen. In diesem Sinn ist die Arbeit nicht mit Blick auf Psychoanalytiker geschrieben. Die Arbeit ist gegen gefährliche »Fundamentalismen« gerichtet. *Die fundamentale Einheit ist hingegen nicht geeignet, von einer Gruppe usurpatorisch in Anspruch genommen zu werden, um sie gegen eine andere mit Gewalt ins Feld zu führen; dies alles ist dualistisch.* Es ist aber hinzuzufügen, dass intoleranter Gewalt wie terroristischen Gruppierungen auf der dualistischen Ebene gegebenenfalls auch mit Gewalt entgegengetreten werden muss. Nur letztlich sind terroristische Ideologien nicht so zu überwinden, sondern durch kulturelle Evolution, die nicht aufgezwungen, für die aber gearbeitet werden kann. Das wäre eine Aufgabe für eine psychoanalytische Kulturtheorie, die damit ihre therapeutische Seite zeigte. Die Widerstände, die dabei zu überwinden sein werden, sind immens.

Genauer gilt dafür:

> »Die Anerkennung einer meditativen oder mystischen Erfahrung der Einheit ist nicht ein Ausweichen aus der Rationalität, sondern, wenn wir richtig argumentiert haben, eine Konsequenz des Verständnisses des Wesens der Rationalität. Argumentierende Philosophie kann dann eine Vorbereitung oder eine Auslegung dieser Erfahrung sein; sie kann auch eine Auslegung der Anerkennung der Möglichkeit dieser Erfahrung sein. Die Mystiker haben in der Tat in der Philosophie des Einen eine Auslegung ihrer Erfahrung gefunden. Andererseits liegt es nahe, dass derjenige, der selbst die Möglichkeit dieser Erfahrung verwirft oder als irrelevant betrachtet, in der Philosophie des Einen leicht Unbegreiflichkeit oder Verwirrung finden und aus dieser in kurzschlüssige Deutungen ausweichen kann. Andererseits ist die mystische Erfahrung selbst so wenig Philosophie, wie die Sinneserfahrung Naturwissenschaft ist.« (C.F. v. Weizsäcker 1981, 62)

Sofern es in dieser Arbeit um die Einheit geht, sind die religionskritischen Einwände, die aus den einzelnen Wissenschaften kommen, zuletzt auch aus der historisch-kritischen Theologie selbst (das übrigens ebenso für den Islam), nicht der Kern der Intentionen dieser Arbeit, sie liegen am Rande des Wegs, können aber nicht übergangen werden.

Zur Erfahrung der Einheit gehört die Erfahrung des Selbst. Dazu schreibt der Quantentheoretiker Malin:

> »Die Erkenntnis des ›Selbst‹ ist ebenso schwierig zu erlangen und unbeschreibbar wie die Erkenntnis des ›Einen‹. Dies liegt letztendlich daran,

dass *Ich das Eine bin.* Wenn man akzeptiert, dass das ›Eine‹ den wahren, namenlosen Ursprung des Seins bezeichnet und kein abstrakter Begriff ist, dann kann die Aussage ›Ich bin das Eine‹ merkwürdigerweise bewiesen werden: Wenn ich nicht das ›Eine‹ wäre, dann würde die Ebene des ›Einen‹ mindestens zwei Dinge enthalten, mich und das ›Eine‹. Sie wäre also gar nicht wirklich das ›Eine‹.« (Malin 2003, 443)

Und weiter zitiert Malin (2003, 270) Schrödinger:

»… so unbegreiflich es der gemeinen Vernunft scheint: du – und ebenso jedes andere bewusste Wesen für sich genommen – bist alles in allem. Darum ist dieses dein Leben, das du lebst, auch nicht ein Stück nur des Weltgeschehens, sondern in einem bestimmten Sinn das *ganze.* Nur ist dieses Ganze nicht so beschaffen, dass es sich mit *einem* Blick überschauen lässt. – Das ist es bekanntlich, was die Brahmanen ausdrücken mit der heiligen, mystischen und doch eigentlich so einfachen Formel: Tat twam asi (das bist du). – Oder auch mit Worten wie: Ich bin im Osten und im Westen, bin unten und bin oben, *ich bin diese ganze Welt«.*

Das ist der Grund, weshalb hier vom spirituellen Monismus als Hoffnung für die Welt-Ökumene geredet wird. Die Themen von Selbst und Sein (oder Einheit) durchziehen die folgenden, dem alten Ägypten, den drei großen Buchreligionen, den Griechen und Indien gewidmeten Kapitel. Für den Psychoanalytiker ist bei diesen Überlegungen der Begriff eines »wahren Selbst« leitend, den der Psychoanalytiker Winnicott (1965, 234 ff) in die Psychoanalyse eingeführt hat, doch mit dem philosophischen Kontext, den dieser Begriff in der europäischen Philosophiegeschichte seit Plotin (vgl. Beierwaltes 1985; 2001; Stein 1982) gewonnen hat. Mit der Unterscheidung von Ich und Selbst gibt die Psychoanalyse eine Hilfe an die Hand, das Konzept eines »großen Selbst« frei zu halten von einer Aufblähung des Ich durch gefährliche Größenideen. Ohne dieses Selbst ist die Erfahrung der All-Einheit in dem hier gemeinten Sinn nicht zugänglich. Das ermöglicht eine neue psychoanalytisch-philosophische Sicht (vgl. Helg 2000) in sehr aktuell bedrängende Konfliktfelder (C.F. v. Weizsäcker 1977). Es mag abstrakt und weltfern erscheinen, aber die Überwindung gefährlicher »Fundamentalismen«, Egoismen und das Überleben des Planeten könnten davon abhängen.

Hinzuzufügen und immer auch wieder deutlich zu machen ist, dass wir alle primär nicht auf der Ebene des Einheitsbewusstseins, sondern auf der Ebene der Vielheit leben. Das setzt wiederum den Dualismus und alle Vielheit, auch den Glauben an Gott, Götter, traditionelle Religionen, in ein begrenztes Recht. Die Liebe zu unseren Angehörigen ist dann ein Beispiel dafür, dass auch umgekehrt eine Begrenzung der Hinwendung zum Absoluten notwendig ist. Für das Christentum sind Liebe zu

Gott und Liebe zum Nächsten identisch, für den Buddhismus sind Nirvana und Samsara, das Rad der Wiedergeburten, letztlich eins; dem Bodhisattwa entspricht die christliche Liebe. Die Liebe vertritt die Einheit auf der Ebene der Vielheit und ist dort, wie der Apostel Paulus sagt, das Höchste (1. Kor. 13, 13). Die Vermittlung zum Hintergrund der Einheit bleibt die Aufgabe.

Das einleitend vorangestellte Kapitel »Quantenphysik und die Zukunft der Psychoanalyse« enthält in nuce die Ausführungen der folgenden Kapitel und ist die erweiterte Fassung eines Artikels in dem Sammelwerk von Michael B. Buchholz und Günter Gödde, Das Unbewusste, 2005. Es stützt sich vor allem auf die Arbeiten von Thomas und Brigitte Görnitz – Thomas Görnitz Quantenphysiker und Schüler C.F. v. Weizsäckers, Brigitte Görnitz Psychotherapeutin. Und in der Tat versucht die Quantenphysik heute, »die Unterscheidung zwischen Physik und Psychologie (…) zu überwinden« (Malin, 2003, 421).

In wissenschaftlicher Hinsicht ist der Monismus in den Mittelpunkt der Diskussion zu rücken. Dieser aber würde sich selbst widersprechen, wenn er auf eine Wissenschaft oder auf Wissenschaft überhaupt sich begrenzen wollte. Er betrifft, weil »monistisch« umfassend, auch alle psychischen Bereiche und damit alles Soziale und Politische. Eine grundlegende gesellschaftliche Bewusstseinsänderung steht an.

Geschrieben während der Olympischen Spiele in Athen, dem bewegendsten modernen Symbol von Vielheit in der Einheit.

Heidelberg, im August 2004

Teil I

1. Quantenphysik und die Zukunft der Psychoanalyse

Die Quantenphysik ist zusammen mit der Relativitätstheorie die Grundlage der Naturwissenschaften. Die Quantentheorie beschäftigte sich zunächst mit Vorgängen im subatomaren Bereich, die Relativitätstheorie mit solchen in kosmischen Größenordnungen. Deshalb spielten beide bei der Erforschung unserer den Sinnen unmittelbar zugänglichen Welt früher keine Rolle. Inzwischen ist die Quantenfeldtheorie in der Kosmologie von Bedeutung bei den Beobachtungen, Messungen und Spekulationen zur »dunklen Energie«, deren »vielleicht erstaunlichste Eigenschaft ist, dass sie das Universum in Wechselwirkung mit der Gravitation wie nach einer Explosion auseinander treibt« (Wetterich 2003, 28). Beide Theorien sind heute mathematisch gesichert und empirisch vielfach bestätigt. Insbesondere die Quantenphysik ist inzwischen in ihren Anwendungen (Laser, Transistoren, Computer, Raumfahrt, Atombomben, die Reihe ließe sich beinahe beliebig fortsetzen) Teil unserer Alltagswelt. Über philosophische Konsequenzen herrscht allerdings keine Einigkeit. Physiker und Techniker wagen sich traditionell nicht gern auf dieses Gebiet, bleiben am liebsten beim mathematischen Formalismus und dessen praktisch-technischen Anwendungen stehen. Auch das allgemeine Bewusstsein hat noch sehr unzureichend Kenntnis von solchen Konsequenzen genommen.

Meines Erachtens handelt es sich hier um ein neues Paradigma i. S. Thomas Kuhns (1993). Zwar ist die Quantentheorie, gezählt von der Entdeckung der Energiequanten durch Max Planck, etwas über hundert Jahre alt, und Heisenberg war mit Kuhns Theorie der wissenschaftlichen Revolutionen für die Physik nicht einverstanden (Görnitz 1999, 182), für die philosophisch-soziokulturelle Rezeption scheint sich jedoch abzuzeichnen, dass es Generationen braucht, bis ihre Konsequenzen das allgemeine Bewusstsein erreichen. Das gilt u. a. auch für die dringend notwendige Rezeption in der Psychoanalyse. Die Schwierigkeit mag damit zusammenhängen, dass die Quantentheorie mit Ergebnissen konfrontiert, die gegen das bisherige Weltbild und den »gesunden Menschenverstand« verstoßen. Abschreckend mag auch wirken, dass die moderne Esoterikszene allzu schnell sich auf die Quantentheorie berufen hat. Gesicherte Fakten, und erst recht deren Konsequenzen, mögen dann als Spinnerei beiseite geschoben werden.

Im Folgenden sollen, außer einem kurzen Wort zur Relativitätstheorie, einige ausgewählte Fixpunkte der Quantentheorie herausgehoben, soweit ohne Mathematik möglich beschrieben und in ihren (möglichen) Konsequenzen erörtert werden. Das sind die Konstanz der Lichtgeschwindigkeit, die Verschränkung von Teilchen, die Unbestimmtheitsrelation, die Nichtlokalität und letztlich die »henadische« (Görnitz u. Görnitz 2002) Struktur der Theorie und Weltsicht.

Die Relativitätstheorie besagt keineswegs einfach »alles ist relativ«. Die Geschwindigkeit des Lichts beträgt im Vakuum ca. 300 000 Kilometer pro Sekunde. Wenn man nun mit einem Raumschiff mit halber Lichtgeschwindigkeit neben dem Lichtstrahl hersausen könnte, und zwar in entgegengesetzter Richtung, müsste man, vom Raumschiff aus gemessen, eine Lichtgeschwindigkeit von 450 000 km/sec feststellen. Umgekehrt, wenn man in der gleichen Richtung mit dem Lichtstrahl reiste, dann müsste man eine Lichtgeschwindigkeit von 150 000 km/sec messen. Man müsste also die Eigengeschwindigkeit des Raumschiffs zu der Lichtgeschwindigkeit addieren bzw. von ihr subtrahieren. Die Lichtgeschwindigkeit erweist sich aber in beiden und allen vergleichbaren Fällen als konstant 300 000 km/sec. Diese Geschwindigkeit kann nicht überschritten werden. Das ist für die sogleich zu beschreibende, zumindest ebenso sonderbare Nichtlokalität der Quantenvorgänge von Bedeutung. Ich übergehe hier die neueren Einwände gegen die Lichtgeschwindigkeit als Naturkonstante (Magueijo 2003) und Naturkonstanten überhaupt in einem Multiversum, weil sie im Zusammenhang unserer sehr allgemeinen Überlegungen zunächst keine entscheidende Rolle spielen dürften. Ebenso lasse ich die Problematik der Gleichzeitigkeit in der Relativitätstheorie beiseite. Dass jüngere Forscher wie Magueijo (2003, 276 f) Einsteins Vorliebe für Symmetrie und Ästhetik in den Formeln skeptisch bis ablehnend gegenüberstehen, hat seine Berechtigung in der Physik wie in der Psychoanalyse dort, wo vorschnelle Harmonisierungen den Fortschritt behindern können. Es deutet aber auch auf eine metaphysische Begründung der Physik hin (Hübner 1985, 35 f).

Um die *Nichtlokalität* im Experiment zu demonstrieren, *verschränkt* man zwei Lichtteilchen, Photonen zu einem »Diphoton«. *Verschränkung* ist ein Grundbegriff der Quantentheorie, den der Nobelpreisträger Erwin Schrödinger eingeführt hat. Ein solches Diphoton kann über eine Glasfaser eine Ausdehnung von 15 Kilometern besitzen. Der Gesamtspin (einer Drehung um die eigene Achse vergleichbar) ist Null. Jedes einzelne Photon an den entgegengesetzten Enden der Glasfaser hat dann einen unbestimmten Spin. Erst durch eine Messung, eine Beobachtung, wird der Spin nicht nur festgestellt, sondern manifest. Die Quantenebene ist eine Ebene der Möglichkeiten, bis eine Messung oder Beobachtung stattfindet. Das ist eine Verallgemeinerung der berühmten *Unschärfe-* oder richtiger *Unbestimmtheitsrelation*. Ist der Spin des einen Photons gemessen, dann steht augenblicklich auch der Spin des anderen Photons fest, nämlich als dem ersten Photon entgegengesetzt, da beide zusammen Null ergeben. Augenblicklich heißt in solchen Fällen »schneller als das Licht«. Dies widerspricht der Relativitätstheorie. Und schlimmer noch: Der gesunde Menschenverstand würde annehmen, dass im für den Forscher Verborgenen doch irgendwie festgelegt wäre, welcher Spin bei einer Messung sich zeigen würde; woher sonst könnte das zweite Photon sofort »wissen«, zu welchem Spin sich das erste Photon aus der völligen Unbestimmtheit heraus »entscheiden« würde. Natürlich werden damit den Photonen weder Bewusstsein noch Willensfreiheit zugeschrieben, aber solche Begriffe verdeutlichen vielleicht am besten, um welchen Tatbestand es sich hier handelt. Er ist vor allem auch mathematisch gesichert (durch die Verletzung der Bellschen Ungleichung). Prinzipiell gelten diese Verhältnisse über beliebige Entfernungen. Das eine Photon könnte in der mehr als 2 Millionen Lichtjahre entfernten Andromedagalaxie sein, trotzdem »wüsste« es augenblicklich, was mit seinem Partnerphoton auf Erden geschehen ist. Einstein wollte das nicht glauben, hielt die Quantentheorie, an der er selbst maßgeblich mitgearbeitet hatte, für zumindest unvollständig und sprach von »geisterhafter Fernwirkung«. Dies gehört aber der Geschichte an. Heute ist die so genannte *Nichtlokalität* allgemein anerkannt. Der uns vertraute Raum existiert auf der Quantenebene in solchen Zusammenhängen nicht.

Der letzte Gesichtspunkt, den ich hervorheben möchte, ist die »*henadische*«, d.h. ganzheitliche Struktur der Quantenphysik. Dieser ist, wie alles Vorherige, mathematisch begründet, leitet aber über zu einer neuen Weltsicht. Hen ist griechisch und heißt eins. Görnitz und Görnitz (2002) wählten diesen Ausdruck, um die in besonderer Weise auf Einheit hin bezogene Quantenwelt deutlich abzuheben von modisch gewordenen Worten wie holistisch oder Sätzen wie »alles ist eins«. Die Vorstellung, dass die Objekte der Welt aus Atomen bestehen, ist zwar die Krönung der klassischen Physik, drückt aber beinahe das Gegenteil der Quantenphysik aus. Kraft und Stoff sind beides sowohl Felder als auch Teilchen. Kraftteilchen haben einen ganzzahligen Spin, normale Materie einen halbzahligen. Zwei Materieteilchen können sich zu einem Kraftteilchen zusammentun. Bewegung kann in Materie umgewandelt werden, was in den großen Zentren der Elementarteilchenphysik tagtäglich passiert. Und schließlich sind Information einerseits und Materie und Energie andererseits wesensgleich. Information wird zur »Grundsubstanz« (Görnitz und Görnitz 2002, 312). Die Quantenebene ist die mathematisch bestimmte Ebene reiner Möglichkeiten und Wahrscheinlichkeiten. Durch Messung oder Beobachtung »bricht« die »Wellenfunktion« der vielen Möglichkeiten »zusammen«, wie am Beispiel des Photonenspins zu sehen war. Dies wird Dekohärenz genannt. So entstehen Fakten der klassischen Physik. Beide Ebenen, die der Quantenphysik und die der klassischen Physik und Naturwissenschaften sind notwendig, um die Natur zu beschreiben. Entsprechend kann auch die Funktion des Gehirns als geschichtet verstanden werden. Die Quantenebene bleibt im Gehirn nur so lange aktiv, bis vom klassischen Teil der Gehirnfunktionen oder des Bewusstseins aus eine Beobachtung, Entscheidung oder Bewertung – physikalisch werden diese mit einer Messung gleichgesetzt – erfolgt. Gedanken, bewusste oder unbewusste Inhalte, können auf der Quantenebene zumindest zeitweilig ohne Wechselwirkung mit dem klassisch funktionierenden Gehirn sein. »Dabei kann Information allein, d.h. sogar ohne Träger, oder auch gemeinsam mit ihrem energetischen Träger, z.B. einem Photon, quantenphysikalisch vom Rest des Gehirns getrennt sein« (Görnitz u. Görnitz 2002, 298). Als reine Quanteninformation ist der Gedanke »vom Rest der Welt« (Görnitz u. Görnitz 2002, 303) isoliert, aber zugleich doch über die henadische Struktur mit allem verbunden und »eins«.

Der Leser wird bei manchen Formulierungen bemerkt haben, dass die Physik sich damit Ebenen nähert, die sonst der Psychologie oder Philosophie zugeteilt werden. Es seien dafür zunächst zwei Beispiele aus der Psychologie im weitesten Sinne genannt. In Kriegszeiten wussten manche Mütter augenblicklich, wenn ihr Sohn im fernen Land ums Leben gekommen war. Die Nachricht erreichte die Mutter später und bestätigte den Zeitpunkt. Die Analogie zu den oben beschriebenen »verschränkten« Photonen liegt auf der Hand. Auf Experimente und mathematische Formeln eingeschworene Physiker mögen skeptisch bleiben. Man kann aber auch davon ausgehen, dass diese Vorfälle mehr sind als bloße Analogien zum Geschehen auf der Quantenebene. Mutter und Sohn sind dann in besonderer Weise »verschränkt«. Man kann noch einen Schritt weitergehen. Nicht nur können solche Vorfälle quantenphysikalisch interpretiert werden, auch umgekehrt. Sie könnten helfen, die sonst rein auf der klassischen materiellen Ebene betrachteten und darum als sehr seltsam erscheinenden Phänomene der Quantenebene nun von den aus dem Alltag bekannten Erfahrungen her zu verstehen. In der Psychosomatischen Klinik wurde eine Mutter mit einer solchen Erfahrung im Interview vorgestellt, es wurde damals eine Herzphobie diagnostiziert, und ich fragte mich, ob ihre Struktur zu dieser Erfahrung beigetragen haben könnte. Dies gibt Anlass, auf die unterschiedlichen Ebenen hinzuweisen, mit denen man es im Alltag und auch in der klinischen Praxis einerseits zu tun hat – in diesem Fall ging es um Separation und ein Stück Ichautonomie – und andererseits Verschränkung und »henadische« (Einheits)-Struktur auf der Quantenebene.

Der mexikanische Neurophysiologe Jacobo Grinberg-Zylberbaum und Mitarbeiter haben zwei Versuchspersonen instruiert, 30 oder 40 Minuten lang so miteinander zu kommunizieren, bis sie ein Gefühl des engeren Kontaktes hatten. Dann suchten beide getrennt je einen Faradayschen Käfig auf. Ohne Wissen der anderen Person wurde der einen ein flackerndes Lichtsignal gezeigt. Das erzeugte ein entsprechendes Signal im EEG. Erstaunlicherweise erschien im EEG der anderen Person gleichzeitig ein ähnliches Signal. Keine der beiden Personen konnte dabei von einer bewussten Erfahrung berichten. Das funktionierte so lange wie die beiden den inneren Kontakt aufrechterhielten. Bei Personen einer Kontrollgruppe war kein Transferpotential festzustellen (Goswami 1997, 172; 220). Das entspricht der häufigen Beobachtung, dass ein Partner gerade einem Gedanken nachhängt und der andere, der nichts davon weiß, vom gleichen Thema zu reden beginnt – ein Beispiel für Nichtlokalität auf der Quantenebene.

Wir sollten uns darauf einstellen, dass nicht nur Sonderfälle wie die telepathischen Phänomene, die auch Freud beschreibt, oder Phänomene von Synchronizität, die Jung in Zusammenarbeit mit dem Physiknobelpreisträger Pauli bearbeitet hat, quantentheoretisch verstanden werden könnten, sondern auch ganz gewöhnlich anmutende Kommunikationsvorgänge etwa zwischen Patient und Therapeut oder in Gruppen.

Ich erinnere mich an einen Besuch Balints in der Heidelberger Psychosomatischen Klinik. Der Seminarraum war bis auf den letzten Platz besetzt, denn Balint war etwas wie unser Gründervater, für mich in der Sukzession der Lehranalytiker der »Großvater«. Wir waren alle miteinander »verschränkt«, wie die Physiker sagen, mit bedeutsamen Konsequenzen. Balint hielt keinen Vortrag, sondern ließ sich einen Fall vorstellen, brach diesen aber nach den ersten Sätzen ab und bat uns, unsere Einfälle, also Deutungen, dazu mitzuteilen. Alle waren wie elektrisiert, jeder meldete sich, jeder hatte einen besonderen anderen Einfall, den er einbringen wollte, was mir besonders eindrucksvoll im Gedächtnis blieb. Damit verging die ganze Sitzung, ohne dass Balint eingriff, er bestätigte nur die vielen Möglichkeiten. Nach dem oben Angeführten zögere ich nicht, von einem kräftigen Impuls, einer kräftigen, zunächst »unbestimmten« »Möglichkeitswelle« zu sprechen, die von Balint für uns ausging und die in jeder der vielen Deutungen als Welle »zusammenbrach« oder über »Wahrscheinlichkeitsamplituden« zu einer oder eben vielen Deutungsperspektiven sich verbalisierte. Jedenfalls ist das wiederum eine mögliche Deutung und vielleicht keine bloße »Analogie« zu Feynmans »vielen Geschichten«, wobei Feynman (1985, 69) ohne Unschärferelation auskommt. Der Quantenzustand, der den Bereich aller möglichen Deutungen umfasst, »kann nun von einem anderen, einem klassischen Teil meines Bewusstseins befragt werden« (Görnitz und Görnitz 2002, 343). – Übrigens schrieb Balint von einer »harmonischen Verschränkung der Person mit den für sie wesentlichsten Teilen ihrer Umwelt« als dem »Bestreben der ganzen Menschheit« (Balint 1960, 31; vgl. 1959, 93 zur Kunst; 1970, 166 zu Regression und Neubeginn; Stein und Stein 1984/87, 79f).

Es ergibt sich nun die Frage, wie sich das quantentheoretische Konzept in der psychoanalytischen Theorie niederschlagen könnte. Ich greife dafür auf frühere Arbeiten (Stein 1974, 1979, Stein und Stein 1984/87) zurück. Ich ging aus von Winnicotts »Übergangsphänomenen«, dem »dritten Bereich« und kennzeichnete diesen durch eine Linie (1979, 29; 44), die von links unten nach rechts oben verläuft, womit ein Fortschritt der Integration im therapeutischen Prozess, aber auch in der kulturellen Evolution angedeutet sein sollte. Der Beginn links unten konnte so den Anfang des kindlichen Lebens des Individuums, aber auch den der kosmischen Evolution darstellen. Rechts von der Linie ordnete ich die Instinkte, Triebe, Affekte, das Es, das Vitale (V) an, links die Rationalität, das Ich, das Mentale (M). Die klassische Bewegung verläuft vom Es zum Ich. »Wo Es war, soll Ich werden«. Eine Linie, die diese Bewegung darstellen würde, verliefe also rechtwinklig zu der vorgenannten.

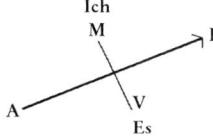

Der mittlere Bereich

Der »mittlere Bereich« der ersten Linie bezeichnet keinen bloßen »Übergang« zum Ich, zur Realität, zur Wissenschaft. Er hat eine eigenständige Entwicklung, aus der rechts und links die »Fakten« des Es und des Ich hervorsprießen. Buchholz (1977; 1985; 1992) hat diesen Bereich als den der Profession von der Wissenschaft abgegrenzt und im therapeutischen Prozess von wechselnder Metaphernbildung bestimmt beschrieben. Dem »mittleren Bereich« eignet eine Unbestimmtheit, als kreativer Bereich enthält er sozusagen das Keimzentrum der vielen Möglichkeiten. Wir können diesen Bereich in Anlehnung an Görnitz u. Görnitz (2002), auf deren Arbeiten sich meine Überlegungen zu Quantentheorie und Psychoanalyse stützen, den Quantenanteil des Bewusstseins und des Unbewussten, kurz das »Quantenbewusstsein« (Görnitz u. Görnitz 2002, 344), nennen. Vom Ich oder von der Wissenschaft aus gesehen mag dieser Bereich als regressiv anmuten, im Vollsinn ist nur eine Rückkehr zum Ausgangspunkt der ersten Linie »Regression«. Dieses Schema differenziert also den Begriff der Regression und auch den der Ichautonomie als Ziel von Therapie und kultureller Evolution, wenn wir Verschränkung und Verbundenheit nicht als regressiv ansehen. Es ist kritisch bemerkt worden, dass Metaphernbildung nicht wissenschaftlich genug sei. Aber das ist gerade der Vorzug der Metaphernbildung in der Profession. Sie hat psychoanalytische Wissenschaft und jede Wissenschaft, die hilfreich ist, »zur Seite«: Wenn wir unter den Psychoanalytikern zwei Gruppen unterscheiden, die Anhänger einer Naturwissenschaft vom Seelischen und die einer hermeneutischen Interpretation, so ist die hier vorgeschlagene Sicht eine Hermeneutik auf naturwissenschaftlicher Grundlage. »Die Gedanken sind so real wie Atome« (Görnitz u. Görnitz 2002, 304). Und wenn Materie »kondensierte Information« ist, wobei »von dem Informationsaspekt vordergründig nichts mehr zu bemerken ist« (Görnitz u. Görnitz 2002, 349), dann liegt es möglicherweise nahe, die Psychosomatik im Rückgriff auf die ursprünglichen Konzepte Viktor von Weizsäckers neu zu durchdenken. Der Rückgriff könnte sich auch der alten chinesischen Medizin erinnern, die vom Gelben Kaiser, d. h. in ihrem Keim im 27. Jahrhundert v. Chr. begründet wurde. Dort wird ein Manifestwerden aus der Potentialität heraus (Röder 2005, 263), also eine Dekohärenz, beschrieben und für die Krankheitslehre und -heilung angewandt. Es ist vielleicht weiter erwähnenswert, dass der Deutsche Idealismus und die romantische Philosophie »Sinnlichkeit« und »Verstand« integrieren wollten in einem »Schweben zwischen den Extremen«, worin nach Auffassung der Dichterphilosophen die schöpferische Einbildungskraft begründet liegt. Die Psychoanalyse steht mit ihrer gleich»schwebenden« Aufmerksamkeit in dieser Tradition. Und diese Tradition setzt sich nun in der Quantentheorie fort.

Die Linie des »mittleren Bereichs« hat eine Zielrichtung auf Integration hin, wir könnten diese auch ein Ideal oder eine Utopie nennen. Letztlich, besonders mit Blick auf die henadische Struktur der Quantentheorie, scheint die absolute Einheit am Ende zu stehen. Als Idee wäre das platonische Philosophie, die die Quantentheoretiker seit Heisenberg beschäftigt hat. Die Einheit betrifft dann auch das Bewusstsein, das, wie Schrödinger, der neben Heisenberg maßgeblichste Quantenphysiker, anmerkt, nur in der Einzahl existiert. Das ergibt eine Schwierigkeit mit dem Gottesbegriff der drei großen Buchreligionen. Gott ist ein dialogisches Gegenüber, das setzt Zweiheit bzw. Vielheit voraus. Schrödinger beschreibt dazu seine »notwendigerweise subjektive Ansicht« (1993, 148):

> »Wenn man einem Kulturkreis angehört, in dem gewisse Begriffe, die bei anderen Völkern einen weiteren Sinn hatten oder haben, eingeengt und spezialisiert worden sind, so ist es gewagt, diesen Schluss in so einfachen Worten auszudrücken, wie es die Sache erfordert. Es klingt gotteslästerlich und wahnsinnig, wenn man sich der christlichen Ausdrucksweise bedient und erklärt: ›Also bin ich der Liebe Gott‹. Setzen wir uns aber für einen Augenblick darüber hinweg (…). An sich ist die Einsicht nicht neu. Die frühesten Aufzeichnungen datieren meines Wissens mindestens 2500 Jahre zurück. Seit den frühen großen Upanischaden betrachtet die indische Philosophie die Gleichsetzung *Atman = Brahman* (das persönliche Selbst ist dem allgegenwärtigen, allumfassenden ewigen Selbst gleich) keineswegs als Gotteslästerung, sondern ganz im Gegenteil als die tiefste Einsicht in das Weltgeschehen. Das Streben aller Vedanta-Schüler war, kaum dass ihre Lippen Worte zu formen vermochten, darauf gerichtet, sich diesen größten aller Gedanken wirklich einzuverleiben. Auch die Mystiker vieler Jahrhunderte haben unabhängig voneinander und doch in vollkommener Harmonie (den Partikeln eines Idealgases vergleichbar) die einzigartige Erfahrung ihres Lebens in Worten beschrieben, die sich zu dem Satz verdichten lassen: *Deus factus sum* (›Ich bin Gott geworden‹). Dem westlichen Denken ist diese Vorstellung fremd geblieben, trotz Schopenhauer und anderen …« (Schrödinger 1993, 149 f)

Die Upanischaden und in deren Gefolge Advaita Vedanta (Potter 1981) (Nicht Zweiheits-Veden- oder Wissensende) sahen in der Vielheit nur bloßen Schein, Maja, eine Illusion (Schrödinger 1993, 152). Der moderne Advaita Vedanta, wie Sri Aurobindo ihn vertrat, vollzog dazu eine wichtige Wende. Vielheit, und damit die Evolution, sind nicht bloßer Schein, Täuschung, sondern werden ernst genommen, erscheinen aber für das gewöhnliche Bewusstsein mit Unwissenheit, Ignoranz bezüglich des Gesamtzusammenhanges, des Sinns und der Einheit verknüpft. Selbst im christlichen Bereich stellte die im 15. Jahrhundert lebende Heilige Katharina von Genua fest: »Mein Sein ist Gott, nicht durch bloße Teilnahme, sondern durch wahre Transformation« (Goswami 1997, 78). Die Nicht-Zweiheits-Erfahrung findet sich ebenso in der islamischen Mystik (Stein 1993, 236 f).

Mit dieser Einheit ist platonisch Schönheit verbunden. Die »wunderbare Symmetrie« (C.F. von Weizsäcker 1985, 560) des mathematischen Formalismus hat auch eine weitere Korrektur für die Psychoanalyse zur Folge. Idealbildungen sind dann nicht nur Abkömmlinge regressiver Wünsche und durch das Realitätsprinzip zu korrigieren, sie sind vielmehr selbst Realität und so im Prinzip, wenn auch nicht in jedem praktischen Fall für die Psychoanalyse rehabilitiert. Vielleicht wird trotz der Revisionen an der Theorie die Frage im Raum bleiben: Was bedeutet das alles konkret für die Praxis? Wenn man sofort mit dieser Frage an die vorliegende Arbeit herangeht, wird man sich den Weg zur Erfahrung der beschriebenen Zusammenhänge verbauen. Die Arbeit gibt Antworten auf ganz andere Fragen, auf Fragen, die die Grundhaltung des Therapeuten bestimmen können. Viele Missverständnisse sind möglich – und unausweichlich –, besonders wenn wir von der herkömmlichen Psychoanalyse ausgehen. Zum Beispiel sind nicht voreilige und oberflächliche Harmonisierungen gemeint. Wir müssen auf vielen Ebenen denken und vor allem mit unseren Patienten arbeiten. Die vorliegende Arbeit ist gegen das Tabu der großen Zusammenhänge gerichtet.

Folgen wir Aurobindos aus dem Yoga sich ergebenden Einsichten, die durchaus heute mit den aus der Quantenwelt entnommenen Überlegungen übereinstimmen, wie Görnitz u. Görnitz sie formulieren, so gewinnt diese Weltsicht eine Bedeutung, die mit dem Überleben der Menschheit verbunden ist: Aurobindo schrieb nach dem ersten Weltkrieg:

> »Only when man has developed not merely a fellow-feeling with all men, but a dominant sense of unity and commonalty, only when he is aware of them not merely as brothers, – that is a fragile bond –, but as part of himself, only when he has learned to live, not in his separate personal and communal ego-sense, but in a large universal consciousness, can the phenomenon of war, with whatever weapons, pass out of his life without the possibility of return.« (Aurobindo 1920, 587)

Niemand weiß so gut wie Psychoanalytiker, dass Brüderlichkeit seit Kain und Abel ein fragiles Band ist. Aber diese Konzepte haben, wie Arbeitsgruppen, Tagungen und Kongresse, die es seit einiger Zeit zum Thema »Psychoanalyse und Religion« gibt, zeigen, keine Chance bei der etablierten Psychoanalyse.

Für die kulturelle Evolution ist entscheidend, dass sich die Quantenphysik nur aus westlicher, von den Griechen herstammender Tradition entwickeln konnte, dass aber gerade dadurch ein Weg zu östlichen Welten sich eröffnet hat. Umgekehrt haben asiatische Physiker aus ihrer Tradition weniger Schwierigkeiten mit den Konzepten der Quantentheorie als wir durch unsere. So wundert es nicht, dass der indische Quantenphysiker Amit Goswami, dessen Vater ein brahmanischer Priester war, mit einem »monistischen Idealismus« gerade da ansetzt, »wo die Kopenhagener Deutung anfängt, uns im Unklaren zu lassen«. Goswami »erklärt ausdrücklich, dass die Quantenwellen oder kohärenten Superpositionen real existieren, jedoch in einem transzendenten Bereich« (Goswami 1997, 181).

»Der Dualismus der monotheistischen Religionen judäisch-christlichen Ursprungs hat die Volksseele beherrscht, weil es eine mächtige Hierarchie von Religionsvermittlern so wollte. Hier sei die Welt und dort Gott, dieser Dualismus scheint der wissenschaftlichen Prüfung so wenig standzuhalten wie der kartesische Dualismus von Geist und Körper. Da die Religion durch wissenschaftliche Daten ausgehöhlt wird, neigt man dazu, das Kind mit dem Bade auszuschütten – also die ethischen Grundsätze und Werte über den Haufen zu werfen, die die Religion lehrt, ethische Grundsätze und Werte, die nach wie vor gültig und nützlich sind. Die Entlarvung der Unlogik dualistischer Religionen muss nicht unbedingt zu der monistischen Philosophie eines materialistischen Realismus führen. Wie wir gesehen haben, gibt es sehr wohl eine Alternative dazu. Denn angesichts des Zusammenbruchs des materialistischen Realismus, den die Quantenphysik herbeigeführt hat, ist der idealistische Monismus möglicherweise die einzige monistische Philosophie, die die Realität wirklich beschreiben kann. Die andere Möglichkeit ist, die Metaphysik insgesamt abzuschreiben. Eine Zeitlang ging die Philosophie in diese Richtung. Mittlerweile scheint sich der Trend umzukehren.« (Goswami 1997, 84)

Das dürfte auch nicht ohne Konsequenzen für die physikalische Kosmologie mit ihren Quintessenzmodellen (Wetterich 2003, 29) bleiben. Und für die Physik selbst gilt: »Die Paradoxien der modernen Physik lösen sich auf, sobald wir sie vom Standpunkt des monistischen Idealismus aus betrachten« (Goswami 1997, 84).

Wir stehen am Ende vor der Schwierigkeit, die henadische Struktur der Quantentheorie zu verstehen. Das fordert eine andere Einstellung und Haltung als die, die der Wissenschaft primär zugrunde liegt.

»Damit können auch die verschiedenen Versuche von philosophischer und religiöser Seite eine Chance erhalten, wiederum ein breiteres Gehör für ein Weltbild finden zu können, das über den Materialismus des 19. Jahrhunderts hinauswächst. (…) Unsere Hoffnung ist, dass ein *naturwissenschaftliches Wissen um die henadische Struktur der Welt* (kursiv von mir, St.) dazu beitragen wird, dass wir Menschen bei unserem Tun mit einem tiefen inneren Wissen begreifen, welche Auswirkungen unser Handeln auf die anderen Glieder der Gesellschaft, nicht nur im eigenen Land, sondern auf der ganzen Erde und auf die Ökosysteme hier und anderswo haben kann.« (Görnitz und Görnitz 2002, 360)

Solche Hoffnung kann sich nicht darauf gründen, dass alle Welt die Quantenphysik begreift. »Unsere individuellen Fähigkeiten sind begrenzt. Jedem ist erlaubt, sich dort einzuordnen, wohin seine Fähigkeiten ihn weisen«, resümiert C.F. von Weizsäcker (1985, 640). Aber:

»Wir sind zuversichtlich, dass sich die materialistische Tendenz, die aus dem 19. Jahrhundert überkommen ist und die noch immer unser gesellschaftliches und ökonomisches Denken beherrscht, wieder umkehren kann und wird. Eine neue geistige Orientierung ist notwendig und möglich. Für sie wird es darauf ankommen, auch im Denken der Öffentlichkeit den henadischen Charakter zu stärken. Es ist notwendig, dass wir den *einen Kosmos, die eine Welt*, wieder als *Einheit* wahrnehmen. Die Trennung unserer Kultur, des öffentlichen Denkens, in einen technisch-naturwissenschaftlichen und einen geistig-kulturellen Bereich und die Illusion, es sei ein Fortschritt und ein Ausdruck von Liberalität, die Welt wie eine Ansammlung zusammenhangloser Fakten zu betrachten, hat lang genug unheilvoll gewirkt.« (Görnitz u. Görnitz 2002, 360)

Es sind nicht nur zusammenhanglose Fakten, sondern – den Reifevorstellungen der Psychoanalyse entsprechend – »getrennte Objekte« (gemeint sind Subjekte), die als grundlegendes Konzept die Psychoanalyse daran hindern, einen wesentlichen Beitrag zur notwendigen kulturellen Evolution, darunter dem gefährlichen Dissens der Religionen (Stein 1997, 274f), zu leisten. Und die »Gefahr, die Brüche und Risse von Identitäten zu idealisieren« (Jacqueline Rose 2003, 88), ist ein Faktum moderner Intellektualität.

Vielleicht lassen sich die Religionen in Analogie zur Physik oder eben nicht im Sinne bloßer Analogien interpretieren: als Erscheinungsformen der Dekohärenz. Die Kohärenz im transzendenten Bereich der Möglichkeiten und Superpositionen als Einheit in der mystischen Erfahrung »bricht zusammen« in der historisch konkreten Ausformung. Die Möglichkeit von Verständigung zwischen »Fundamentalismen« gäbe es dann in dem ihnen vorausliegenden Bereich der Kohärenz. Die moderne Physik mit ihrer »ökumenischen« Ausdehnung über alle Kulturen könnte eine entscheidende Hilfe für drohende Weltkonflikte anbieten. Es dürfte dabei deutlich sein, dass das nicht herabsetzend gemeint sein kann, denn schließlich gehört die gesamte manifeste Welt zu den Phänomenen der Dekohärenz.

Die Physik hilft dabei unserer Phantasie auf die Sprünge. Am Ende hat sie so noch einen »Trost, der aus der Formel kommt« (Bestenreiner 1988, 247). Wie hinter einem Kreis als Schnittfigur eines Kegels die dritte hinter der zweiten Dimension steht, so, nur komplizierter, erscheint gleichsam als vierte Dimension ein »Substrat«, das vor und nach der Geburt des Individuums Bestand hat, während dieses als ein Teil des höherdimensionalen Substrats einerseits vergeht, wie eine »Spiegelwirkung in einer Hyperspiegelwirkung«, in ihm aufgeht und so andererseits fortbesteht. Solche mathematisch-physikalischen Phantasien aus den Raum der Möglichkeiten stehen in guter Übereinstimmung mit der inneren Erfahrung vor allem der östlichen Mystik. Physik wird heute zur Anthropologie, wenn nicht zur Ontologie. Die Hoffnung muss dann nicht eine allein auf das »Jenseits« sein, aber es hat sich gezeigt, dass die »Realisierungen« im »Diesseits« leicht zu Fundamentalismen werden, die terroristisch entarten. Auch die modernen Formen des Rationalismus, Agnostizismus, Skeptizismus, Atheismus, oberflächlichen Hedonismus etc. sind Erstarrungsformen, allenfalls durch Moden flexibel, und Moden ergreifen auch den spirituellen Bereich. Eine Rückbesinnung auf den Hintergrund der Einheit, der nicht nutzbar ist für Fundamentalismen und Ideologien, kann hilfreich sein, bleibt aber unausschöpfbare Aufgabe.

2. Der Beitrag der neuen Biologie zum modernen Weltbild

Heute beschäftigen sich Quantenphysiker mit Problemen der Biologie. Der Physiker Wolfram Schommers (2002, 159) beschreibt das merkwürdig zielgerichtete Verhalten der Attacus-Raupe von Assam (Attacus edwardsii). Sie beißt den Stil eines Blattes durch, spinnt ihn aber vorsorglich am Zweig fest, damit das Blatt nicht herunterfällt. Das Blatt vertrocknet, rollt sich ein und bildet eine ideale Röhre zum Hineinkriechen und sich Verpuppen. Das vertrocknete Blatt würde unter den übrigen grünen Blättern aber auffallen. Irgendwann würde ein Vogel ein solches Blatt untersuchen, die wohlschmeckende Larve finden und daraus lernen, auf solche vereinzelt unter grünen Blättern hängende verdorrte Blätter zu achten. Die Larve wäre extrem gefährdet. Welchen Rat würden wir ihr geben? Sie jedenfalls hat eine Lösung für dieses Problem. Sie beißt noch bei 5 oder 6 weiteren Blättern die Stängel durch und heftet diese Blätter neben das Blatt, das sie als Puppe beziehen wird. Ein Vogel, der solch ein Blatt, eine Attrappe, untersucht, wird nichts finden und nicht lernen oder ermutigt werden, weiter solche Blätter zu prüfen. Selbst wenn er die eine Raupe findet, dann die anderen Blätter untersucht, wird der Lernerfolg nicht groß sein. Das schützt, wenn schon nicht diese einzelne Raupe, dann doch wenigstens die Art. Woher kommt die Intelligenz dieses Tieres? Wir sagen vielleicht, aus dem Instinkt. Aber das erklärt wenig. Oder wir sagen, das hat die Evolution zuwege gebracht. Hat sie es rein darwinistisch durch Zufall und Auslese gelernt? Geschieht beides vielleicht z. T. auf der Quantenebene der reinen Möglichkeiten?

An dieser Stelle setzen die Überlegungen des Paläobiologen Simon Conway Morris (2003) ein. Die grundlegenden Mutationen sind keineswegs so zufällig, wie bisher angenommen. Es gibt »Unvermeidbarkeiten«. Wir wissen zwar noch wenig darüber, wann und wie organische Komplexität entsteht, aber wir kennen instruktive Beispiele dafür, dass primitive Lebewesen wie Schwämme und Hydra (eine Verwandte der Seeanemonen und Korallen) schon Gene (oder Proteine) enthalten, die wesentlich sind für komplexe Aktivitäten weiter entwickelter Lebewesen. Viel Komplexität höherer Lebewesen ist bereits latent in primitiveren enthalten. Leben wie das irdische hätte in der gegebenen Zeit nicht entstehen können, wenn nicht »ausgehend von einer Welt von DNA und Aminosäuren, dann vielleicht dem genetischen Code, den wir kennen, das Ergebnis mehr oder weniger unvermeidbar ist« (Morris 2003, 18). So entstand als bekanntes Beispiel das komplizierte Linsenauge ca. sieben Mal unabhängig von einander bei so unterschiedlichen Tierarten wie den Kraken und den Wirbeltieren. Und »unvermeidbar« nach Morris ist dann auch die Entwicklung von Intelligenz bis hin zum Menschen, intelligenten menschenähnlichen Wesen oder gar höher entwickelten Insekten bei gegebenen Vorraussetzungen auf anderen Planeten. Das führte ihn auf die Spur einer »Theologie der Evolution«

(2003, 311); und unsere Existenz »reaffirms our one-ness with the rest of Creation« (2003, XVI).

Aber, und das ist ein weiterer Schritt moderner Biologie, nicht nur den höher entwickelten Tieren, vor allem den »Menschenaffen«, wird heute Intelligenz zugestanden. Hunde z.B. sind in der »sozialen Intelligenz« den Menschenaffen überlegen. So wird dann auch bei niederen Tieren eine jeweils ihren Erfordernissen angepasste Intelligenz gesehen. Das ist nicht die Intelligenz der oben beschriebenen Raupe, d.h. die Intelligenz der Art, sondern individuelle Lernfähigkeit. Selbst Kraken, die mit ihren Linsenaugen einen Artgenossen im Nachbaraquarium beobachten, lernen: während der erste durch Versuch und Irrtum den Weg zu einer Nahrungsquelle findet, weiß sein Nachbar dann sofort den direkten Weg. Dass man Tauben dazu bringen konnte, zuverlässig Gemälde von Chagall und van Gogh zu unterscheiden, wirft ein besonderes Licht auf die Intelligenz. Überhaupt hat die neuere Forschung ergeben, dass die Intelligenz von Vögeln der von Primaten kaum nachsteht, diese sogar oft übertrifft, obwohl das Vogelgehirn ganz anders gebaut ist.

Die unabhängige Entstehung von gleichen oder ähnlichen Formen im Pflanzen- und Tierreich wie im Beispiel des Linsenauges wird Konvergenz genannt. Morris hängt seinem Buch einen fünfseitigen Index solcher Konvergenzen an. Ein spezielles Interesse verdienen dabei die staatenbildenden Insekten. Ameisen finden sich in Einschlüssen im baltischen Bernstein aus dem Eozän, 40–50 Millionen Jahre vor unserer Zeitrechnung. Wir können heute daraus die damalige Lebenswelt rekonstruieren (Wilfried Wichard u. Wolfgang Weitschat 2004). Konvergenzen reichen hier über die Entwicklung von Agrikultur (Pilzzucht mit Düngung durch Blattschneideameisen) bis zum Menschen, der als Homo habilis erst vor 2 Millionen Jahren auf der Erde erschien. Dabei fallen den Biologen »nicht voll verstandene« (Morris 2003, 388n. 201) Fähigkeiten auf. Wüstenameisen (Cataglyphis) sind berühmt für ihr Zurückfinden nach größeren Ausflügen über Hunderte von Metern in gerader Linie zu ihrem Nest. Sie bringen so eine »Pfadintegration« zustande. Sigmund Freud schrieb:

>»Gewöhnt man sich erst an die Vorstellung der Telepathie, so kann man mit ihr viel ausrichten, allerdings vorläufig nur in der Phantasie. Man weiß bekanntlich nicht, wie der Gesamtwille in den großen Insektenstaaten zustande kommt. Möglicherweise geschieht es auf dem Wege solch direkter psychischer Übertragung. Man wird auf die Vermutung geführt, dass dies der ursprüngliche, archaische Weg der Verständigung unter den Einzelwesen ist, der im Lauf der phylogenetischen Entwicklung durch die bessere Methode der Mitteilung mit Hilfe von Zeichen zurückgedrängt wird, die man mit den Sinnesorganen aufnimmt. Aber die ältere Methode könnte im Hintergrund erhalten bleiben und sich unter gewissen Bedingungen durchsetzen, z.B. auch in leidenschaftlich erregten Massen. Das ist alles noch unsicher und voll von ungelösten Rätseln, aber es ist kein Grund zum Er-

schrecken. Wenn es eine Telepathie als realen Vorgang gibt, so kann man trotz ihrer schweren Erweisbarkeit vermuten, dass sie ein recht häufiges Phänomen ist.« (1933, 59f)

Schommers schreibt dazu über die Termiten: diese haben

»die Fähigkeit, riesige Nester zu bauen, (…) die ohne große Übertreibung an ein von Menschen errichtetes Hochhaus erinnern. Solche Nester können durchaus einige Millionen Mitglieder beherbergen (…) Diese Nester sind so komplex zusammenhängend, dass eigentlich nur der Schluss übrig bleib, dass alledem ein einheitlich ›durchdachter‹ Plan zu Grunde liegt.« (2002, 38)

»Termiten können Bögen bauen. Das bewerkstelligen sie in der Weise, in dem sie zunächst zwei Säulen errichten, um dann bei einer bestimmten Höhe den Bogen zur Nachbarsäule anzusetzen, und zwar so lange, bis die beiden Stücke sich treffen. Solche geometrischen Gebilde können von *blinden* Termiten gebaut werden (fast alle Termiten sind blind), obwohl hierzu sicherlich eine genaue Abstimmung erforderlich ist. Das geschieht auch nicht dadurch, indem der Abstand durch Hin- und Herlaufen vermessen wird.« (2002, 39)

»Der Naturforscher Eugene Marais schlug eine Bresche in einen Termitenhügel. Danach trieb er zwischen die beiden Teile eine Stahlplatte in den Boden, die beträchtlich höher und breiter war als der Termitenhügel selbst, so dass die beiden Hügel jetzt offensichtlich vollständig isoliert voneinander waren. Die Termiten des einen Hügels wussten nichts von denen des anderen. Dennoch errichteten die Termiten auf beiden wieder Säulen und Bögen. Erstaunlich war nun, dass, wenn die Stahlplatte entfernt wurde, sich die beiden Teile nach der Schließung der Lücke *exakt* zusammenpassten. Dieses Ergebnis lässt nur den einen Schluss zu, dass ein fertiger Bauplan vorlag, den die Termiten lediglich ausführten. Ein solcher Bauplan für das komplex zusammenhängende Termitennest kann kaum in jedem Insekt installiert sein. Dazu ist ganz offensichtlich sein Nervensystem nicht entwickelt genug. Auch müsste jedes Tier, wenn es an einer gewissen Stelle im Nest tätig ist, die entsprechende Situation erfassen, um diese im Zusammenhang mit dem Bauplan einordnen zu können, wobei gleichzeitig ein koordiniertes Vorgehen mit den anderen, am Bau arbeitenden Termiten gewährleistet sein muss. Dass Termiten dazu fähig sind, ist kaum möglich, und es erscheint geradezu abwegig, eine solche Annahme für realistisch zu halten.« (2002, 39f)

»Für den Mangel der Termiten, keine Baupläne entwickeln zu können, hat die Natur möglicherweise einen Ausgleich geschaffen, also eine Eigenart, die beim Menschen nicht oder nur schwach entwickelt ist.« (2002, 40 f)

Schommers erinnert an die Rhine'schen Experimente zur Telepathie.

»Die Schwierigkeiten, die bei ungewöhnlichen Informationsübertragungen aufkommen, sind im Wesentlichen dadurch gegeben, dass man sich nicht vorstellen kann, wie sich ein Gedanke von einer Person lösen und durch den Raum bewegen kann, um von einer anderen Person empfangen zu werden, wobei offensichtlich Wände usw. keine Hindernisse darstellen. Diese spezifische Vorstellung ist zu naiv und wird aus gutem Grund von den meisten Menschen abgelehnt und damit der Effekt der ungewöhnlichen Informationsübertragung überhaupt. Dabei musste doch eigentlich von vornherein klar sein, dass wir diese naive Vorstellung von Gedankenübertragung zu sehr an unsere unmittelbaren Alltagsvorstellungen angepasst haben, denn sie entspricht genau dem Austausch von materiellen Gegenständen, so wie er im Alltagsleben stattfindet, wie zum Beispiel beim Ballspielen.

Die hier entwickelten Vorstellungen führen auf einen anderen Mechanismus: Der Gedanke, also das geistige Produkt, wird an die (Fundamentale) Wirklichkeit abgegeben, die dann die Funktion einer überindividuellen Einheit spielt. Dieser Gedanke kann dann von einer anderen Person ›beobachtet‹ werden, ohne dass das geistige Produkt durch den Raum transportiert werden müsste, denn der Raum bzw. die Raum-Zeit ist eine Eigenart des Bildes, das sich der Beobachter von der Wirklichkeit draußen macht, und keineswegs ein Attribut, das der (Fundamentalen) Wirklichkeit draußen zukommt, sondern sitzt ausschließlich im Kopf des Beobachters.« (2002, 317 f)

Die Quantenphysik hat also nicht die Schwierigkeit Freuds mit der Telepathie, die Nichtlokalität, d. h. das Nicht-Vorhandensein des Raums in bestimmten Zusammenhängen ist ihr vertraut, es muss nur der Schritt von der Quantenebene zum Bewusstsein der Termiten und dann zu einer Schicht des Bewusstseins auch höher entwickelter Wesen getan werden. Ein weiterer Schritt wäre es, diese Funktionsebene nicht als »niedere« anzusehen, die dann von einer »höheren« Ebene der Zeichen, der Begriffe unterdrückt wird oder werden muss. Die »henadische« Ebene des Bewusstseins wäre dann u. U. gerade die höhere Ebene, die durch die dann niedrigere Ebene des Intellekts, einer pragmatischen Zwischenstufe der Evolution, unterdrückt wird. So jedenfalls sieht es die indische Philosophie, insbesondere Advaita Vedanta und damit in Übereinstimmung die moderne Physik. Und es wundert dann vielleicht nicht, dass diese »höhere Ebene« von der sich selbst missverstehenden Ebene der Begriffe und Worte fehlgedeutet wird.

Konvergenzen allgemeinerer Art sind dann auch dort zu finden, wo Detailforschung und das »henadische« Bewusstsein zusammenkommen; jedenfalls kann man die Fakten so ordnen, dass sie, wie für die Physiker immer einfacher erscheinende Formeln, auf Einheit hin konvergieren, die Einheit bestätigen. Als Alternative bleibt das Verharren bei der Detailforschung, die ja nicht ersetzt werden kann und nahezu ausschließlich das moderne Bewusstsein beherrscht, sodass am Ende zufällige Details aus der Evolution das Einheitsbewusstsein und mystische Erfahrungen erklären und auch noch, weil biologisch für den Fortbestand des Lebewesens Mensch wichtig, legitimieren (Newberg 2004). Der aus der Quantenphysik genommene Begriff der Einheit lässt sich, anders als die subjektiven Erfahrungen der Mystiker, mit denen er schließlich übereinstimmt, nicht so biologisch und in der Substanz auflösend erklären. Heute scheint eher umgekehrt die Evolutionstheorie anderer Perspektiven zu bedürfen.

3. Linie und Spiegel – Die Spiegelneuronen

Linie und Spiegel sind ein Faszinosum schon vor »Adam und Eva«, vor der Menschwerdung in der Evolution. Die Affen, selbst die kleineren, zeigen sich von Linie und Spiegel ergriffen, und wir können rätseln, was das Faszinosum für sie sein könnte (Stein 1993; 1994).

Die Alten Ägypter sahen im paviangestaltigen Gott Thoth den Gott der Schrift. Es ist zu vermuten, dass die Ägypter beobachtet haben, was bei dem Makaken Aziut zu sehen war: tief versunken in sein Werk, zog er mit einem Stock Linien in den Sand und mit einem Metallstab, erheblichem Kraftaufwand und großer Ausdauer auch in den Betonboden. Die Linien des Kapuzineräffchens von Rensch mit Namen Pablo ähnelten den (Kult-)Höhlenritzungen der frühen Menschheit (Marie E.P. König 1954; Stein 1993, Abb. 4 u. 5).

Thoth war für die Ägypter mit der Waage des Jenseitsgerichts verbunden. Medhananda, der, von der indischen Philosophie ausgehend, sich mit der Symbolik der Ägypter beschäftigte, schrieb sozusagen spaßeshalber Thoth mit großen griechischen Buchstaben: Theta-Omikron-Theta. Das ergab augenfällig ein Bild der Waage und veranlasst mich, entgegen der sonstigen Schreibweise, Thoth mit zwei Th zu schreiben.

Und Thoth war auch mit Maat verbunden. Gegen ihre Feder wurde das Herz des Verstorbenen gewogen. Es musste also »leicht« sein, um ins Jenseits eingehen zu können. Maat gibt dem Lauf der Welt die »*richtige Richtung*«, »Gerechtigkeit« erhält die Welt, nicht nur im sozialen Bereich, sondern in ihren Grundfesten (Assmann 1990, 164f). Mit der Bedeutung der »*Richtung*« ist auch wiederum die Konnotation zur Linie gegeben, die Thoth repräsentiert. So ist die Linie dann »Heiliges Zeichen«, Hieroglyphe. War Aziut deshalb von seinem »kreativen Akt« so fasziniert?

Gegen solche Zuschreibung wehrt sich unser Bewusstsein. Ist nicht dieses Linienziehen ein kontingent in der Evolution »gefundenes« Spiel ohne weitere Bedeutung? Assmann scheint dem zuzustimmen: »Thot, der Gott der Schrift, musste nur finden, nicht erfinden. Sie war schon in der Struktur der Wirklichkeit angelegt« (Assmann 2005, 29). Aber Assmann oder die Alten Ägypter lassen sich nicht für einen platten Naturalismus vereinnahmen. »Die Hieroglyphen sind die Urbilder der Dinge«. Es ist ein »ursprünglicher und untheoretischer Platonismus« (Assmann 2005, 29). Der »Erfinder« der Schrift, so schreibt Assmann, war Ptha. »Indem Ptha die Urbilder der Dinge konzipierte, erfand er mit ihnen zugleich auch die Schrift, die Thot nur aufzuzeichnen braucht« (Assmann 2005, 29). Hinter den Ideen steht also jedenfalls ein sie erfindendes Subjekt. So wundert es nicht, dass der Schritt von Platon zu Plotin (Beierwaltes 2001) vorgezeichnet ist, den dann der Neuplatoniker Jamblich in seinem Verständnis des hieroglyphischen Denkens aufgreift (Assmann

2005, 29). So ganz verschlossen dürften Thoth oder Aziut dem Sinn von »Idee«, die ja nicht diskursiv-begriffliches Denken bedeutet, dann vielleicht doch nicht sein.

Heute ist die Frage nach dem Subjekt hinter den Ideen oder den Grundformen der Materie wieder virulent. Die Stringstheorien der Physik sind wohl eher eine letzte Ausformung der Atomphysik, sie kommen ohne das Subjekt aus. Anders die Quantenphysik, in der das Subjekt beim Übergang von den Möglichkeiten oder Wahrscheinlichkeiten zum Faktum von Bedeutung ist. Der Quantentheoretiker Malin (2003) knüpft deshalb an Plotin an.

Auch an indische Philosophie wäre zu denken. Sri Aurobindo entwirft in seinem dichterischern Hauptwerk *Savitri* eine Ontologie der Idee:

> Idea gave up the plastic infinity
> To which it was born and now traced out instead
> Small separate steps of chain-work in a plot
> Immortal once, now tied to birth and end,
> (…)
> A cage for the Infinite's great-eyed seraphim Thoughts
> Was closed with a criss-cross of world-law for bars
> And hedged into a curt horizon's arc
> The irised vision of the Ineffable
> A timeless spirit was made the slave of the hours;
> (…)
> On an earth which looked towards a thousand suns,
> That the created might be illumed with a soul
> They tied to date and norm and finite scope
> The million-mysteried movement of the One.
> (SABCL 28, 267 f)

Das kann als Platonismus verbucht werden, heute aber gilt es, diesen in ein interkulturelles Philosophieren (Wimmer 2004) einzugliedern und speziell die »Platonica orientalia« (Jeck 2004) zu würdigen. Von Platon selbst schreibt Jeck: »Als Philosoph schätzte der Grieche Informationen ohne Vorbehalte gegenüber der Herkunft lediglich nach ihrem inneren Wert und Wahrheitsgehalt, so dass er im Rahmen kritischer Prüfung auch ›barbarisches‹ Wissen wohlwollend zu Kenntnis nahm« (2004, 33).

Die Seele, das Selbst, der Atman der indischen Advaita-Lehre ist das Telos des Universums, verborgen, aber aufspürbar. Vor aller begrifflichen Formulierung näherte sich das Bewusstsein, oder sollten wir sagen das Unbewusste, dem Unaussprechlichen in Symbolen. Und diese Symbole bleiben auch nach dem Durchgang der Sprachebene das tiefere Zeugnis für die Präsenz der »Idee«, des »absoluten Geistes« – in uns. Wem diese Erfahrung nicht zugänglich ist, mag oder muss das für eine Illusion oder (nominalistisch) für »abstrakt« halten.

Fadenkreuz (Abb.1)

Halskette (Abb. 2)   *Brustschild (Abb. 3)*

Schon die frühe Menschheit kannte Symbole wie das auch jetzt noch über die ganze Erde verbreitete Fadenkreuz (Stein 1997, 166 f). Das abgebildete (Abb. 1), vom Autor in Südthailand erworbene, gleicht den in Marokko an der Straße gekauften (Stein 1993, 248; Abb. 11); das thailändische diente, eigentlich nicht verkäuflich, als Schaufensterdekoration, niemand kannte noch seine Bedeutung. So sind schon früh die ursprünglichsten Symbole zum bloßen Schmuck heruntergesunken, wie die abgebildeten Beispiele der Naga (Abb. 2 und 3), einem nordindischen Volkstamm, der noch kürzlich Anthropophagie praktizierte und übrigens auch das Fadenkreuz kennt. (Es war in einer Fernsehdokumentation gleichsam als große Kokarde über der Stirn eines Häuptlings oder Medizinmanns unkommentiert zu sehn.) Diese Symbole, die auch weiter verbreiteten metallenen Kreiskreuzscheiben und das

metallene Gitter- oder Geflechtwerk (deren Zuschreibung zu einzelnen Volksstäm-
men fraglich sein mag) haben wohl nie die Ebene einer philosophischen Sprache erreicht, für uns durchqueren sie diese Ebene und bewahren die Präsenz des Ineffablen.

Heute beschäftigt sich die moderne Kunst in einer für viele rätselhaften Weise
mit Linien, Kreuzen, Gittermustern. Als Beispiel hierfür soll die Malerin Aurélie
Nemours (1910–2005) in Erinnerung gerufen werden. Auch hier stellt sich die
Frage nach dem Subjekt hinter den objektiven konstruktivistischen Formen. Für
den Künstler ist diese Frage problematisch, denn das Werk spricht für sich selbst.
Nach dem Subjekt dahinter fragt die Psychoanalyse. Sie nimmt die Biographie
in den Blick oder sieht bereits in konstruktivistischen Formen etwas Zwanghaftes,
gegen Unordnung Gerichtetes, was durchaus auch überindividuell verstanden wer-
den kann. Nemours' Lebensdaten wecken ein spezifisches Interesse. Die spätere
Malerin verbrachte einen großen Teil ihrer Jugend in einem Kloster, studierte später
Mathematik, Theologie, Astronomie und Archäologie. 1937 entscheidet sie sich für
die Malerei; es folgen Studien im Atelier von Paul Cohn, in der Akademie von
Lhote und bei Fernand Leger. Mit ihrem Mann, einem aus Haiti stammenden Arzt,
lebte sie einige Zeit auf dieser Insel und brachte von dort noch 1953 entstandene
Skizzen nach der Natur mit. Hier begann auch bereits eine Vereinfachung der Formen, die 1954 zur entschieden abstrakten Komposition führte. Drei Jahrzehnte arbeitet Nemours in der Abgeschiedenheit ihres Ateliers vor sich hin. Es entstehen
Aquarelle (Titelbild dieses Buches) und später zunehmend asketisch monochrome,
millimetergenaue Strukturen zum Thema Linie, Kreuz, Quadrat und Gitter. 1953
entdeckt sie das ähnliche Werk Mondrians, wobei aber von 1949 an schon entsprechende Werke von ihr vorliegen. Mondrian, dessen Werk älter ist und etwa 1917
Wege beschreitet, die Nemours später entdeckt, wollte durch seine Kunst »die
Menschheit erleuchten« (Jaffé 1971, 48).

Obwohl die Künstlerin ausdrücklich das Werk für sich sprechen lassen will, sind
einige ihrer Äußerungen dazu aufschlussreich. »Die Bewegung ist nur eine Land-
schaft der schöpferischen Tätigkeit, der Geist kann sich nicht mit Vergänglichem
zufrieden geben.« »Das Geheimnis des Raumes ist das Kreuz, der Ausgangspunkt
der Formenwelt«. Sie spricht vom wesentlichen Rhythmus der Horizontalen/Verti-
kalen. Und: »das Quadrat ist das Herz des Kreuzes«. So bezeichnete sie ihre De-
meures, die 1950–1959 entstanden, als »das gestalterische Alphabet des Universums«. Das Mathematische ist nicht primär für die Konstruktion: »Wenn man von
tiefer Intuition und von einem Zustand innerer Bereitschaft ausgeht, gelangt man
zu den mathematischen Regeln, die jedoch nicht Ausgangspunkt waren« (zit. nach
Erich Franz). Das mag daran erinnern, dass einige Physiker das Finden ihrer Formeln ähnlich beschrieben. Die meisten Menschen heute werden sich wie der
Schriftsteller Wladimir Kaminer (2003, 75 f) vor den Quadraten von Josef Albers im
Quadrat Museum in Bottrop nur langweilen.

Die Arbeiten Nemours' sind vielleicht weniger monumental als die Mondrians,
fast möchte man sagen bescheidener, stiller, weniger nach außen gerichtet und wirk-

sam. Um so mehr verweisen sie auf eine innere Dimension, auf etwas wie ein Gebet, das nicht bittet, sondern durch sein Sein, wie schon die alten Ägypter fühlten, das allgemeine Sein, die Welt schöpferisch miterhält.

Einfache Linien und Kreuze finden sich sehr häufig in der modernen Kunst. Tapies kontrastiert z.B. »die ordnende Geometrie der Kreuzform« durch »das scheinbar *Zufällige*, Intuitive«, wobei »das in seinen Bildern immer wieder auftauchende Kreuz nicht als konkretes Symbol, sondern als Zeichen, dessen offenbarer oder geheimer Symbolgehalt dennoch ein wesentliches Element seiner Wirkung ist« (Messer 1993, 17; kursiv von mir, St.). Tapies sieht sich und übrigens weitgehend die moderne Kunst in einer großen mystischen Tradition. »Als erklärter Atheist lehnt Tapies (...) die Unterscheidung zwischen Schöpfung und Schöpfer ab« (Messer 1993, 20) und knüpft an östliche Denkformen an.

Das »Selbst«, das sich so ausspricht, ist auch die weitgehend verborgene »unbewusste« Seite der orientalischen Spiegelsymbolik. Die westliche Welt stand in ihrer Deutung des Spiegels weitgehend im Banne des »eitlen« Narziss. Anders die Sufis, die stets bemüht waren, ihren »Spiegel«, gemeint ihre Seele, rein und blank zu halten, damit er die Welt und die Menschen »richtig« wiedergibt. Die indische Advaita-Lehre macht ebenso von dem im See sich spiegelnden, durch Wellen verzerrten Bild des Mondes Gebrauch. Der unverzerrt gespiegelte oder direkt gesehene Mond ist dann ein Symbol des Atman, der gleich Brahman ist und Saccidananda, Sein-(sat)-Bewusstsein-(cit)-Seligkeit-(ananda), der höchsten Realität in der indischen Yogaphilosophie, entspricht (Camman 2005, 52f; 94). Camman arbeitet darauf hin, die grundlegenden Gegenwartsprobleme westlichen Philosophierens mit dem indischen Denken in einen Kontext zu bringen. Für Advaita gilt dann:

> »Einzig und allein dem reinen Bewusstsein, dem Brahman oder Atman, kommt ein Sein der allerhöchsten Realität zu. Zu diesem Sein der allerhöchsten Realität kann man nicht auf irgendwelchen Pfaden kommen oder gelangen. Wir haben es vielmehr bereits ›in uns‹. (...) Die Kennzeichnung ›in uns‹ ist etwa in dem Sinn zu verstehen, wie in der Kosmologie die Feststellung: ›Der Andromeda-Nebel, also ein Milchstraßensystem, steht gerade über dem Kirchturm‹«. (Camman 2005, 108)

Das abgebildete, 28 cm hohe volkstümlich-synkretistische Spiegelaltärchen (Abb. 4), angeblich aus Peru, scheint mir beachtlich und erforschenswert, selbst wenn es vielleicht vom Künstler für Touristen geschaffen sein sollte (was ein Vergleich mit nordperuanischen Altären nahelegen mag; Vargas 2002, 252–255). Der Spiegel ersetzt das Hauptaltarbild, darüber ist die Weihnachtsgeschichte dargestellt, es fehlen auch traditionelle Symbole nicht, und im unteren Rahmen wird gefeiert. Der Spiegel dürfte ursprünglich (vergleichbar etwa mit den »Nonnenspiegeln«; Stein 1997, 197ff, und Abb. 15) kaum als Werkzeug der Eitelkeit gedacht sein.

Spiegelaltärchen (Abb.4)

Der moderne Spiegelkünstler Michelangelo Pistoletto, geboren 1933, hat ebenfalls einmal, in San Sicario, Florenz, ein Altarbild durch einen Spiegel ersetzt (Poetter 1988, 86). Solches konnte die Kirche nur als kurzes Experiment tolerieren. »Im Spiegel gehen Gott und Mensch in dieselbe Dimension ein, treten also aus dem Dogma heraus«, schreibt Pistoletto dazu (Poetter 1988, 86), was an die missverstandene Monade als Spiegel der Welt bei Leibniz erinnern mag (Stein 1985). Auf diese Weise übernimmt Kunst die Religion (Poetter 1988, 88).

> »Der Spiegel in jedem Haus kann die ganze Menschheit widerspiegeln, deshalb ist der Spiegel, den jeder benutzt, schon der große, geteilte und vervielfachte Spiegel. Jeder hat ein Kunstwerk bei sich zu Hause: den Spiegel« (Poetter 1988, 88). »Es gibt für mich nur einen Spiegel, geteilt und damit vervielfacht in so viele Spiegel, wie man finden kann. Die Dimension des Menschen muss in dieser Möglichkeit der Ausdehnung bis zum Unendlichen und gleichzeitig in der Reduktion auf das Detail gesehen werden.« (Poetter 1988, 86)

Das erinnert an die vielen kleinen Spiegel, die in Textilien aus Rajasthan eingenäht sind. Andererseits symbolisiert der eine Spiegel dann auch das Bewusstsein, das es nur in der Einzahl gibt, und das eine Selbst, das wir alle, gemäß der indischen Advaita-Lehre, sind. Seit 1961 arbeitet Pistoletto auf solche Weise mit dem Spiegel, »an dem die Kunst ihren Ursprung wiederfindet« (Poetter 1988, 99), und bringt sie »an den Ursprung der Spiritualität zurück« (Poetter 1988, 100). Ein geschlossener Kubus mit gegenüberstehenden Spiegeln fängt die Unendlichkeit ein, als reine Idee, die in einer Aktion des Künstlers aufgebrochen und vielleicht für einen Augenblick sichtbar wird (Friedel 1996, 69).

Pistoletto versucht in Installationen, Tagungen, Werkstätten etc. alle Bereiche des kulturellen Lebens zusammenzubringen.

> »Unser Projekt besteht darin, eine Annäherung der Standpunkte unter Beibehaltung der Differenzen vorzunehmen, denn es ist ungeheuer wichtig, diese Unterschiede im Gegenteil sogar noch aufzuwerten, sie jedoch nicht in ihrer Vereinzelung zu belassen, sondern sie in einen Zusammenhang zu bringen, indem man das Außerordentliche, das außerordentlich Schöne denkt, das ich mit Zivilisation bezeichnen würde.« (Friedel 1996, 124)

Pistoletto sucht so die Einheit, thematisiert nicht ausdrücklich das zugehörige Selbst, intendiert und symbolisiert es im Spiegel und seiner Spiegelphilosophie. Manches klingt pragmatisch und deshalb akzeptabel. Hinter der »Zivilisation« kann aber als in die Tiefe führende Dimension die Philosophie des Einen erkannt werden.

Mancher Leser mag befremdet sein, diese spirituelle Philosophie einleitend mit den Affen in Verbindung gebracht zu sehen. Solche Abwertung ist ein Erbe christlich-europäischer Geistesgeschichte. Der Mensch hat dort eine unsterbliche Seele, das Tier nicht. Ein auffällig großer Wert wird auf die Feststellung gelegt, das nicht die heutigen Affen stammesgeschichtlich unsere Vorfahren sind, sondern allenfalls ähnliche Wesen, denen, bleiben wir der biblischen Lehre treu, Gott die unsterbliche Seele einhauchte. Das gibt Gelegenheit, über unbewusste, aus der Geistesgeschichte stammende Anteile nachzudenken, die wir bewusst, wenn wir die Stammesgeschichte grosso modo anerkennen, überwunden zu haben glauben. Wir sollten unsere Vorfahren, unsere Geschichte und Vorgeschichte präsent halten, denn das sind wir.

Scheint die Anbindung an die Evolution sozusagen am unteren Ende einer spirituellen Philosophie abträglich, so erscheinen unsere Überlegungen an ihrem oberen Ende eher zu »abgehoben«, weltfremd zu sein. Das geschieht unseren Überlegungen, sofern sie sich nicht als wissenschaftlicher Text ausschließlich an Wissenschaftler wenden. Als psychoanalytische Kulturtheorie vorgestellt, haben unsere Überlegungen einen anderen Status. Die psychoanalytische Kulturtheorie, und unser Text ist eine Abwandlung davon, hat auch eine therapeutische Seite, und das heißt, sie wendet sich nicht in wissenschaftlicher Form nur an Wissenschaftler. Damit entgeht sie dem Vorwurf nicht, sich realitätsfern abstrakten Gedanken hinzugeben. Das wird auch von der Psychoanalyse insofern gestützt, als sie in idealistischen Entwürfen eine »Abwehr« gegenteiliger Tendenzen glaubt erkennen zu müssen. Realistisch erscheint ein Kompromiss. Dieser mündet dann in einen ungeistigen banalen Pragmatismus, Agnostizismus, allenfalls einen begrenzten Szientismus. Die westliche Intellektualität hat sich in diese Richtung entwickelt, die umfassend mit »Aufklärung« identifiziert wird.

Es finden sich aber auch Keimzentren, etwa von Quantenphysikern neu aufgelegtem platonischem Idealismus, der mit einem modernen interkulturellen Philosophieren gut übereinstimmt. Physiker wie John D. Barrow sehen in einem völligen Determinismus logische Inkonsistenzen (2001, 342 ff). Ein Hort des alten Materialismus sind heute die durch ihre Medienpräsenz hervorstechenden Hirnforscher. Doch auch hier gibt es Dissidenten, die dem »freien Willen« einen Raum eröffnen: die Theoretiker der »Spiegelneuronen« (vgl. Rizzolatti and Craighereo 2004, 27, 169–92; Bauer 2005). Hier erreicht die Diskussion des Menschen selbst als Spiegel eine neue, nun wissenschaftliche Runde.

Die Spiegelneuronen und -komplexe, auch von Echoneuronen ist die Rede (zum Spiegelhelden Narziss gehört die Nymphe Echo), sind spezialisierte Nervenzellen des Gehirns. Sie wurden zunächst bei kleineren Affen studiert, denen man Elektroden einpflanzen konnte. Diese Nervenzellen »feuerten«, wenn der Affe eine Handlung vollzog, aber auch, wenn er einen anderen Affen oder einen Menschen diese Handlung vollziehen sah. Letzteres bedeutete nicht, dass der beobachtende Affe dadurch in jedem Fall auch zur Nachahmung veranlasst wurde. Interessant ist, dass diese Neuronen angeregt wurden, wenn der Affe nur den Beginn der Handlung des anderen sehen konnte, der Rest der Handlung aber, das Ergreifen z. B. einer Nuss, durch eine Wand verdeckt blieb (hidden condition), vorausgesetzt, er wusste, dass das Ziel der Handlung, die Nuss, hinter der Wand verborgen war. Bei einer in Papier eingewickelten Nuss genügte das Rascheln des Papiers in dieser hidden condition, um die Spiegelneuronen reagieren zu lassen. Das Ziel der greifenden Handlung musste nichts Essbares sein, es konnten für den beobachtenden Affen auch bedeutungslose Gegenstände sein; der Sinn der Handlung, das Greifen eines Gegenstandes, musste jedoch klar sein. Beobachtete sinnlose Handlungen erregten die Spiegelneuronen der Affen nicht. Die Affen verstehen also den Sinn der Handlung (action understanding).

Beim Menschen besteht ein entsprechendes Spiegelneuronensystem. Im Unterschied zu Affen reagiert es nicht nur auf zielgerichtete Handlungen (transitive movements), sondern auch auf sinnlose (intransitive movements) und spielt eine Rolle beim Lernen durch Imitation. Für die Entwicklung von Sprache ist es von Bedeutung, dass Laute, die das Essen begleiten, z. B. das Schmatzen, sich den Spiegelneuronen des Beobachters sofort mitteilen und in ihrem Sinn gleich »verstanden« werden. Die Sprache von Buschleuten, die den ersten Menschen in Afrika am nächsten stehen, zeichnet sich durch solche Laute aus. In allen anderen Sprachen der Welt sind sie verloren gegangen. Das Jodeln in den Gesängen der Buschleute, auch eine Funktion des Kehlkopfs, am Hof der Alten Ägypter beliebt, hat sich bis heute erhalten und mag uns künstlerisch an unsere Stammesgeschichte erinnern.

Eine in Evolution und Geschichte bedeutsam gewordene Funktion der Spiegelneuronen ist bei Mensch und Tier einerseits ihre Sicherheit gebende Funktion in einem sozialen Orientierungssystem. Sie stiften Gemeinschaft. Sie spielen eine große Rolle in der Liebe. Die kleineren Affen, die vor dem Spiegel noch kein Ichgefühl zeigen, entwickeln anscheinend eine Art Rückkopplung, wenn sie vergnügt in den Spiegel hineingucken, schaut es auch so heraus, das erregt die Spiegelneuronen, und der Handlungseffekt lässt den »anderen« im Spiegel um so fröhlicher sein etc. (vgl. Stein 1993, 241, Abb.1). Auch in der Psychoanalyse sind Übertragung und Gegenübertragung ein Effekt der Spiegelneuronen (Bauer 2005, 192; 135). Es gibt die spezielle »Spiegelübertragung« (Kohut (1973, 129ff), die in Variationen versucht, »den ursprünglichen Narzissmus zu erhalten«. Der durch Kohut berühmt gewordene »Glanz im Auge der Mutter« erregt, so können wir heute sagen, die Spiegelneuronen ihres Kindes. Narzisstische Persönlichkeiten fühlen sich u. a. nach Kohut in »Angst vor dem Verlust des Real-Selbst (…) durch quasi-religiöse Regressionen auf eine Verschmelzung mit Gott oder mit dem All« (Kohut 1973, 179). Kohut, der immerhin mit der Wortverschmelzung »Selbstobjekt« dem krassen »Sieg des Realismus und der Ich-Herrschaft« (Kohut 1973, 197) etwas entgegensetzt, dürfte wohl vor allem östlichen mystischen Erfahrungen skeptisch gegenübergestanden haben. Der immer noch im 19. Jahrhundert verhafteten Psychoanalyse treu, ist Kohuts Position ein Eurozentrismus mit dem Überlegenheitsgestus einer verkürzten Aufklärung. Ins Positive gewandt, verknüpft Kohut, in unserem Zusammenhang interessant, das Spiegelphänomen mit einer heute durch die moderne Physik wieder nahegebrachten Einheitserfahrung. Ansätze dazu gibt es auch in der Psychoanalyse. Wenn »die Trennung, die mit dem Individualismus gegeben ist«, überwunden werden soll, so leistet das Zusammenspiel von Übertragung und Gegenübertragung als Drittes eine Matrix, die Buchholz in Anlehnung an Augustinus »Geist« nennt, der »nicht-dualistisch« zu verstehen sei (Buchholz 2005, 176). Ogden fasste diesen als ein drittes Subjekt auf (zit. nach Buchholz 2005, 176) – eine trinitarische Struktur, die aber im weiteren Sinn »nicht-dualistisch« erst als philosophischer Monismus (was nicht heißt Monotheismus) gelten kann. Haben die Spiegelneuronen auf solche Weise eine sozial und ontologisch verbindende und tragende Bedeutung, so bilden sie andererseits die Grundlage für »Gruppendruck«, politisch wirksame Propaganda, für herrschende Moden und Umgangsstile z.B. bei Jugendlichen, für industrielle Werbung. Hier kann es darum gehen, zu widerstehen. Vorbilder können dabei hilfreich sein. Die Vorbild-Bedeutung des Psychotherapeuten, auch in nie besprochenen historisch unbewussten Zusammenhängen, wird zu wenig bedacht. Ebenso kann das von Eltern und Gesellschaft vermittelte Überich helfen, zu widerstehen, wo es nötig ist, und in der nationalsozialistischen Zeit war es vereinzelt, aber nicht gesellschaftlich umgreifend wirksam. Solche Hilfen, die ebenfalls in den zuständigen Neuronen gespiegelt werden, sind von außen veranlasst. Am Ende fällt die Entscheidung nach dem Prinzip von Buridans Esel: der größere Heuhaufen entscheidet. Der erwachsene Mensch vor allem kann die Spiegelneuronenreaktion »in der Schwebe« (Bauer 2005, 164) halten bis zur Entscheidung, ob gehandelt werden soll und wie. Hier sieht der Hirnforscher Joachim Bauer (2005, 160f) den Ort der Freiheit (vgl. Beckermann 2005). Im Hinblick auf quantenphysikalische Interpretationen schränkt Bauer aber auch ein: »Das neuerdings ins Interesse gerückte *Prinzip Zufall* (kursiv von mir, St.) findet im Fall von Lebewesen keine Anwendung, denn das Verhalten biologischer Systeme ist, indem es sich fortlaufend an Signalen orientiert, immer *gerichtet*« (Bauer 2005, 155f), was für den Menschen in größeren Gruppen wie für Ameisen nicht stimmt. Einige reagieren »*zufällig*«, »chaotisch«, verlassen ausgetretene Wege bzw. die Duftspur, sind u.U. die »Kreativen«, sie finden vielleicht eine neue »*Richtung*«. Es bleibt die Frage, ob der Mensch um der Bewahrung seiner »Identität« (Bauer 2005, 150) willen sich von dem Input der Spiegelneuronen emanzipieren kann. Vielleicht über den linken vorderen Hirnlappen, der bei meditierenden Mönchen mit Glücksgefühlen, wohl aber nicht ohne Erkenntnis, »Erleuchtung«, verbunden sein soll. Galilei und Darwin wurden erst durch den Papst Johannes Paul II in unseren Tagen rehabilitiert. Wie steht es mit Meister Eckhart? In archaischen Gesellschaften kann eine Exkommunikation aus dem gesellschaftlichen Zusammenhalt den psychogenen physischen Tod bedeuten. Die heutige Forschung setzt auf Team-Arbeit. Die Situation erfordert das. Und auch damit und mit weltweit vernetzten Computern kommt die Forschung an (z.T. berechenbare) Grenzen (Barrow 2001, 164f). Kreative Einzelne mögen es dann schwerer haben. Kreativität gründet wie Freiheit in dem Ort der »Schwebe« (Stein 1979; Stein u. Stein 1984). Barrow zitiert S. Jaki: »Aus Gödels Theorem scheint eindeutig hervorzugehen, dass all die kühnen symbolischen Konstruktionen der mathematischen Physik letztlich immer in jenen tieferen Schichten des Bewusstseins verankert sind, wo Analogie und Intuition mit all ihren Einsichten und Verschwommenheiten zu Hause sind« (2001, 322). Gödel, auch ein Einzelgänger (Barrow 2001, 325), hielt die Intuition »für ein Instrument, das eines Tages als genau so wertvoll und zuverlässig gelten würde wie die Logik selbst« (Barrow 2001, 325).

Viele Fragen bleiben offen, nicht nur für die computergestützte Wissenschaft. Dem Input von Gewalt, dem sich vor allem Jugendliche durch Filme und Videospiele aussetzen, möchte Bauer eine Art Diät und vor allem das Schöne entgegensetzen. Was aber ist für Spiegelneuronen das Schöne? Diese Neuronen sollen auf beobachtete Handlungen reagieren. Handlungen sind nicht, wie im Experiment, isoliert zu betrachten. Ihr harmonischer Zusammenhang, so könnten wir den Gedanken von Bauer fortsetzen, ist das – zumindest gesellschaftlich – »Schöne«. (Dass ich mich veranlasst fühle, das Schöne in Anführungszeichen zu setzen, ist die Folge eines historisch-gesellschaftlichen Schicksals dieses Wortes.) Wir werden das Tier und »alle Wesen«, wie die Buddhisten sagen, nicht ausschließen wollen. Und die Verantwortung, die wir für den Planeten samt des ihn umgebenden Weltraums, den wir mit Müll anfüllen, haben, auch nicht. Den perfiden Eurozentrismus müssen wir »über Bord werfen« (wohin?), auflösen »in Wohlgefallen«. Das wäre dann ontologisch zu verstehen. Und es bedeutet Arbeit.

Dass die nicht-belebte Welt den Spiegelneuronen so ganz gleichgültig sein soll, können wir in Frage stellen. Da sind zunächst unsere Vorfahren, die in den Naturgewalten Götter sahen, in Überflutungen z. B. den »handelnden« Gott Poseidon. Früher konnte man bei Gewitter in den Kinderzimmern hören: der liebe Gott schimpft. Zuletzt erregen selbst technische Installationen offenbar die Spiegelneuronen: bei Kindern oder Patienten mit einer psychogen (mit)bedingten Harnverhaltung hilft es, wenn man neben ihnen einen Wasserhahn plätschern lässt, der Patient kann ihn auch selbst aufdrehen. Beseelen wir unzulässig die Natur? »Unzulässig« gilt in diesem Zusammenhang in der westlichen, wissenschaftlichen, »entzauberten« Welt. Wir können uns aber auch fragen, ob wir in dem Faszinosum einer neuen wissenschaftlichen Theorie, den Spiegelneuronen, nicht dem objektivierenden Sprachspiel der Wissenschaften allzu sehr aufgesessen sind (vgl. Liebert 2005). Inzwischen hat die Wissenschaft viel von ihrer Naivität verloren, sie gelangt zu Beweisen der Unbeweisbarkeit von Theoremen, den »Unmöglichkeits«-Theoremen (Barrow 2001, 319). Barrow kommt mit dem amerikanischen Logiker John Myhill zu dem Schluss, dass »eine nicht-dichterische Darstellung der Wirklichkeit nie vollständig sein kann« (2001, 317 f). Wir dürfen allgemeiner die Kunst einbeziehen. Vielleicht können wir dann auch zuweilen die immer neu bewusst werdenden Grenzen als begeisterndes großes »Spiel« erfahren.

An eine solche Grenze stoßen wir bei den Naturkonstanten (Barrow 2004). Wir wissen nicht, ob die Konstanten, die unser Universum ermöglicht haben, mathematisch-physikalischen Notwendigkeiten entsprechen. Das würde dem klassisch religiösen Denken, wonach Gott »alles nach Maß, Zahl und Gewicht geordnet hat«, entgegenkommen. Dem modernen Denken naheliegender erscheint, dass es eine Vielzahl, wenn nicht unendlich viele Universen oder ein Universum mit unendlich vielen verschiedenen Regionen gibt, die, vom *Zufall* diktiert, ganz unterschiedliche Naturkonstanten haben. Eine große Zahl von Urknall-Universen dürfte dann zerstoben sein, ohne Sonnen und Planeten bilden zu können, andere sehr schnell wieder in sich kollabiert, kosmischen Katastrophen zum Opfer gefallen oder, was uns droht, durch ihre Bewohner zerstört worden sein. Unser Universum erscheint als ein seltener Zufall, für uns – bis jetzt – grosso modo ein Glücksfall. Es ist trotzdem bemerkenswert, das ein solches Multiversum, das unendlich viel Zeit und Raum, menschlich gesprochen, für sich in Anspruch nehmen konnte (Gott langweilte sich offenbar nicht), die Möglichkeit oder die Tendenz in sich barg, intelligentes Leben aus sich hervorgehen zu lassen. Oder drücken wir es so aus: dass es sich seiner selbst bewusst wurde. Naturwissenschaftlern mag diese Formulierung als zu hochtrabend erscheinen. Und in der Tat ist die physikalisch-kosmologische Forschung, so beeindruckend sie ist, eine rationale, objektivierende Wissenschaft im Rahmen eines wesentlich westlichen Entwurfs. Anders würden die erwähnten Sufis oder indische Yogaphilosophen das Seiner-Selbst-Bewusstwerden des Universums interpretieren. Ihre Sicht wäre die Evolution und ihre großen Zyklen umfassend, aber ginge nicht ins Detail, wie es unsere Wissenschaft tut, schlösse aber Detailforschung als Ausarbeitung der Grundkonzepte ein. Yogis erforschten seit 3 000 Jahren nicht so sehr die Außenwelt wie wir, sondern die innere Welt, das Selbst, Atman. Anders als unsere wiederum ins Detail gehende psychologische, z.B. psychoanalytische Wendung nach innen, öffneten sich die indischen Denker der Erfahrung des absoluten Bewusstseins: Atman ist gleich Brahman. Brahman, das Sein als Eines, kann im indischen Advaita Vedanta nicht als gegenüberstehend gedacht werden, denn damit wäre zumindest Zweiheit konstituiert. Das Universum und alle seine Wesen sind auf dem Wege, als Vorformen nicht ganz ohne Sinn, Tönen einer Sinfonie vergleichbar. In jedem Teil ist oder spiegelt sich das Ganze. Es ist darum sinnvoll, ins Detail zu gehen. Und das Selbst ist dann das Geheimnis des Universums – absconditus et revelatus.

Die tierisch-heidnisch- (nach Art der biblia pauperum) »katholische« einfache Linie könnte von den Künstlern als Metapher ähnlich wie Gertrude Steins »Eine Rose ist eine Rose…« (Fischer 2005) gedeutet werden: »Eine Linie ist eine Linie…« Aber das Bild weist eine solche Metamorphisierung zurück, es will tatsächlich sein und bleiben, was es ist und nichts darüber hinaus. Unwillig lässt es Explikationen zu, etwa als ambivalenzfrei *Gerichtetem*. Anders eben die »protestantische« Metapher, das *Wort* als Bild. Auch der Spiegel in Pistolettos Altarbild hätte wohl in einer protestantischen Kirche keinen rechten Sinn, wäre befremdlich. Die Psychoanalyse übrigens trägt dazu ein Stück jüdischen Erbes, das Bilderverbot, ihr selbst weitgehend unbewusst, in ihre Publikationen ein. Die Feinabstimmung der Spiegelneuronen in den Redaktionen mag manches Neue blockieren.

Entfernt sich nun Metaphorik und die komplexe menschliche Sprache, sofern es in ihr nicht um ein Handeln geht, das im Grunde Tier und Mensch gemeinsam haben, z.B. ein *Rivalisieren* mit wissenschaftlichen Mitteln, so weit vom neuronalen Substrat, dass es sinnlos erscheint, beide noch aufeinander zu beziehen? Besonders im theologischen Diskurs z.B. spiegelt sich Gott in allen Dingen, der Mensch ist sein »Ebenbild«, wobei die Bibel auch einschränkend entgegentritt: das »Ihr werdet sein wie Gott« wird zur Einflüsterung des Satans, zur Hybris. Nur mit den Augen Gottes sehen wir »*richtig*«, lehren hingegen die islamischen Sufis, hierin kommt Gott zu sich selbst. Der Sufi ist dann in toto etwas wie ein Spiegelneuron Gottes. Das Neuron wird zu Metapher. So auch das *Gerichtetsein* der Linie. Wenn der Apostel Paulus schreibt, am Ende werde »Gott alles in allen sein« (1. Kor. 15, 28), dann wird der Mystiker das nicht nur zeitlich verstehen und in der fernen Zukunft belassen. Was in ihm und in Gott ist, das ist »immer schon«, überzeitlich, es ist schon »*gerichtet*«. Hier erreicht die Spiegelmetaphorik einen Höhepunkt. Das materielle Substrat, das die Wissenschaft heute sucht, wäre entweder unter den gegebenen Prämissen der Wissenschaft die Selbstaufhebung des Gesuchten, bliebe bei einer materiellen Erklärung stehen – oder kommt zu der Feststellung, dass, unter dem Primat des Bewusstseins (das Unbewusste eingeschlossen), das Selbst sich – dem »wahren Selbst« – das Gehirn und dessen Zentren (und sei es ein Gotteszentrum) geschaffen hat. Das wäre kein Spiegel mehr, der etwas anderes spiegelt, in ihm »verwirklicht« sich eine *Virtualität, Potenz* des Universums, die wir dann das Göttliche nennen können. Vielleicht wäre Pfingsten, die Herabkunft des heiligen Geistes, eine solche Erfahrung, eingekleidet in das heilsgeschichtliche Ereignis einer Religionsgemeinschaft.

Wir sind alle bewusst oder unbewusst mit unserer Tradition verbunden. Sofern es die christliche ist, verdient es erwähnt zu werden, dass 50 % der Bundesbürger bei einer kürzlichen Befragung nicht wussten, was wir an Pfingsten feiern. Wir haben Parteien, die sich christlich nennen, das »C« diente früher als Stimmenfang, heute steht es inhaltlich kaum noch im Vordergrund. Es ist hier nicht der Ort für differenzierte Analysen. Das Abendland ist »ungläubig« geworden. Das ruft die »Schwertverse« des Koran auf den Plan: »Und wenn nun die heiligen Monate abgelaufen sind, dann tötet die Heiden, wo ihr sie findet, greift sie, umzingelt sie und lauert ihnen überall auf« (9, 5). John L. Exposito, Professor für Religion und Internationale Beziehungen an der Georgetown University, Washington D.C., der diese Verse zitiert (2004, 149f), möchte sie dennoch nicht uneingeschränkt stehen lassen. Sie seien aus dem Zusammenhang gerissen, denn es »schließt sich unmittelbar der folgende an: ›Wenn sie sich aber bekehren, das Gebet verrichten und die Almosensteuer (zakat) geben, dann lasst sie ihres Weges ziehen! Gott ist barmherzig und bereit zu vergeben‹ (9, 5)«. Ein anderer ähnlicher Vers schließt: »… bis sie kleinlaut aus der Hand Tribut entrichten« (9, 29). Diese Verse, sicher oft missbraucht, sollen den 11. September 2001 und den Einsatz von Massenvernichtungswaffen rechtfertigen, Hassprediger haben Macht über Spiegelneuronen, eine reflektierende Ebene ist nicht vorgesehen, nicht erlaubt. Es fehlt den Terroristen nur die unmittelbare Absicht, uns zu bekehren. Diese hieße »Unterwerfung«. Die Toleranz der Sure 5, 44–48 käme nicht zur Anwendung, denn sie geht von gläubigen Juden und Christen aus.

Wird die westliche Welt standhalten? »Geld regiert die Welt« – ist das unsere Bastion? Gesprächsfähig sind alle drei großen »Buchreligionen« in ihrem Auserwähltheitsglauben nur begrenzt. Menschenrechte, einschließlich der Frauenrechte, sind Menschenwerk, weltlich, nicht verbindlich für strenggläubige Muslime. Ohne ein Stück Verweltlichung scheint es kein friedliches Miteinander mehr zu geben. Dann erst kann das gemeinsame Erbe bedacht werden. Und die Gemeinsamkeit der Mystiker aller Religionen. Auch wenn die Verbindungslinie dorthin in die weite Ferne zu führen scheint, schon die Richtung stiftet Gemeinsamkeit, gibt Orientierung und kann von fundamentalistischer Seite nicht als Unglaube, Verweltlichung mit sittlichem Verfall deklariert werden. Einiges in den modernen Naturwissenschaften konvergiert mit dieser Tendenz, die freilich nicht in modische Esoterik abgeschoben werden darf.

4. Die Natur jenseits ihrer Wissenschaft

Die Naturwissenschaft – jedenfalls die klassische vor der Quantenphysik – hat einen anderen Blick auf die Natur als Naturfreunde, Künstler und Dichter.

Zumeist wird der Auftakt der wissenschaftlichen Sicht bei Descartes (1596–1650) verortet. Seine Einteilung des Seienden einerseits in die res extensa, andererseits die res cogitans, eröffnete für die Wissenschaft der Natur, die res extensa, den ihr wissenschaftlich zukommenden eigenen Bereich. Dieser dehnte sich allerdings über die fragloser als tote Materie betrachtete Natur von Fels und Fluss, Berg und Wolken aus auch auf lebende Organismen, die dann als eine Art Automaten galten. Noch heute wandelt die Hirnforschung weitgehend auf diesen Bahnen, wenn sie die Hirnfunktionen mit den Mitteln klassischer physikalisch-chemischer Vorgänge glaubt, umfassend beschreiben zu können. Gewisse Seiten der res cogitans, u.a. der freie Wille und damit z.B. die Straffähigkeit, bereiten ihr dann Schwierigkeiten. Auch die Psychologie und die Psychoanalyse, von denen man meinen könnte, sie gerade widmeten sich der res cogitans, stehen im Banne einer aus der res extensa abgeleiteten Naturwissenschaft des 19. Jahrhunderts. Für die Psychoanalyse sind ihre Begriffe des »Objekts«, womit ein Subjekt gemeint ist, der entsprechenden »Objektbeziehungen« oder der »Technik«, womit der immerhin doch lebendige Umgang mit dem Patienten gemeint ist, – trotz aller philosophischen Analyse und Kritik der Technik – unveränderliche, unbefragte, verräterische Termini. Generell ist zu sagen, dass das materialistische Weltbild mehr noch unbewusst (oder vorbewusst) als bewusst so sehr unser Denken, Urteilen, Handeln prägt, so sehr den Anspruch auf Wahrheit für sich monopolisiert hat, dass eine andere Sicht kaum gleichrangig sich daneben behaupten kann. Daran änderte eine materialistische Sozialwissenschaft nichts. Die Quantenphysik, die das klassisch–materialistische Weltbild in Frage stellt, wird dann oft schlicht dem klassischen Materialismus zugerechnet, sie wird als »weiterhin in der Cartesianischen Tradition befangen« (Hübner 1985, 46) angesehen.

Es gibt auch heute noch Menschen, die in einer gewachsenen Naturverbundenheit und Naturverwurzelung leben, meist in abgelegenen Gegenden wie in den Wäldern Kanadas. Mehr noch sind die Reste so genannter Naturvölker in unserem Zusammenhang von Bedeutung. Sie leben *vor* allem »Zurück zur Natur«. Daneben stehen »Naturfreunde« in Opposition zu einer von ihnen als naturfeindlich angesehenen Umwelt. Anderen erscheint das extrem, wir lieben Natur zur Erholung, Reiseunternehmen locken mit Bildern exotischer, Palmen-besetzter Strände, wo wir »die Seele baumeln lassen« können.

Aber zurück zu unserem Alltag und zu einer Reflexion der Verhältnisse. Der Eingriff wissenschaftlich-technischen Denkens (oder sollten wir mit Heidegger das Technische voranstellen) ist weitgehend ins Unbewusste (Ubw) (oder Vorbewusste, Vbw) abgesunken und deshalb Gegenstand der Psychoanalyse, die dann Analyse des gesellschaftlichen Bewusstseins (des Ubw und Vbw) sein muss, mit fragwürdigerem Erfolg als jede individuelle Analyse. Eine solche Analyse schließt historische, philosophische unbewusst gewordene Entscheidungen vergangener Jahrhunderte ein, die uns aber immer noch bestimmen, greift also weit über den Rahmen Freudscher Analyse hinaus. Sie ist verwirrend auch deshalb, weil in der Geschichte erreichte und von einigen überwundene Positionen gleichzeitig noch fortbestehen.

Demgegenüber könnte die Natur, wenn oft auch als Relikt, doch als etwas Unverrückbares, Persistentes erscheinen. Und was diese Natur dann ist – etwas Mythisches –, sagen uns die Dichter.

Allen voran Hölderlin, vor den Romantikern, die ihn nicht kannten. Kurt Hübner (1985) leitet deshalb seine Analysen zur »Wahrheit des Mythos« paradigmatisch mit den »ontologischen Grundlagen der Dichtung Friedrich Hölderlins« ein. Hölderlin verwarf »alles nur Poetisch-Allegorische«, er wollte seine Dichtung nicht als bloßes Gleichnis verstanden sehen, das »auf eine andere Wirklichkeit verweist, sondern das ganz und gar seine eigene, eben dichterische Wirklichkeit hat und darin vollständig ernst genommen sein will. Diese Wirklichkeit freilich muss der echte Dichter die Menschen erst sehen ›lehren‹«. Der Dichter darf auch nicht »getreulich das Faktum erzählen« wie die »Zeitungsschreiber«. »Scheinheilig« nennt Hölderlin Dichter, die, gestützt auf ihren aufgeklärten Verstand, sich mythologischer Themen und Namen bedienen (Hübner 1985, 21). Hübner greift auf ein Philosophem Hölderlins zurück, um dessen ontologische Grundlagen zu erfassen: das Eine in sich selbst Unterschiedene. Wir sind damit beim zweiten Einen Plotins. Natur und Kunst, aber auch Geschichte, Gesellschaft, der Mensch als Subjekt sind im Gedicht anwesend, in ein Ganzes, das mehr ist als die Summe seiner Teile, und schließlich ins Eine gefügt. Subjekt und Objekt sind in wechselseitiger Durchdringung nicht getrennt. Hölderlin geht nicht von einer Trennung aus, die zusammenzuführen wäre, sondern ihre Beziehung ist primär. Dies vielleicht unbeschadet intermittierender Trennungen, die zur Ausbildung einer selbstverantwortlichen Autonomie nötig sind. Und die gleichwohl grundlegende Beziehung ist von numinoser Art. »Es ist nun aber merkwürdig, dass wir solche dichterisch-mythische Erfahrungen, obgleich sie uns so allgemein vertraut sind, andererseits doch nicht wahrhaft gelten lassen wollen. Wenn sich z. B. ein Landwirt bei seiner Tätigkeit auf gewisse sehr allgemeine und eher vorwissenschaftlich zu nennende Naturgesetze stützt, dann halten wir diese dennoch für wahr; wenn er dagegen von dem Tal, in dem er lebt, wie von einer numinosen Wesensgestalt spricht und es etwa ›lieblich‹ nennt, dann lassen Derartiges die meisten nur im Sinne des ›Als Ob‹ gelten. Die Erfahrung dieses durchaus unwillkürlichen und lebhaften Eindrucks wird nicht ernst genommen, sie wird gewissermaßen verdrängt, über sie schieben sich in der Schule gelernte, nunmehr eher einer wissenschaftlichen Weltdeutung entnommene Redewendungen wie: ›nur subjektiv‹, ›nicht objektiv wahr‹ usf. Wir stoßen damit auf fast unüberwindliche Hindernisse, dem Mythischen in uns Raum zu geben, es gewissermaßen loszubinden und freizulassen« (Hübner 1985, 25 f). Und die psychoanalytische Deutung kommt hinzu. Das Heidelberg-Gedicht Hölderlins macht es deutlich: »Lange lieb ich dich schon, möchte dich, mir zur Lust, / Mutter nennen und dir schenken ein kunstlos Lied, / Du der Vaterlandsstädte Ländlichschönste, so viel ich sah« (1992, I, 252). Die reduktionistische Deutung auf Hölderlins biographische Mutterbeziehung hin, die hier nicht zu untersuchen ist, verhindert, in die Neckarhymne einzuschwingen: »In deinen Thälern wachte mein Herz mir auf / Zum Leben« (1992, I, 253), und solches in der Psychoanalyse, in ihrer Lebenskunstlehre, Heimat finden zu lassen (Stein 2003).

Hölderlin sah diesen Verfall und findet Worte für ihn im Gedicht. Er nennt ihn die Nacht. Aber auch in dieser Nacht gibt es »Freude«, das »Glück der Epiphanie, der erkannten, gefühlten oder erahnten Gottesnähe« (Hübner 1985, 379). Und er sieht eine Wiederkehr des Mythischen voraus. Dann steht der Dichter nicht mehr allein. Wir sind ein »Chor«, ein »Gesang«, die Götter besuchen die Erde neu und versammeln sich zum heiligen Fest, einem Fest der Liebe. Dies stellt die Harmonie des umfassenden Lebenszusammenhangs wieder her, wird zur Friedenfeier. Nun ist die Erde nicht mehr »tot«.

Was bei Hölderlin künstlerische Vision sein mag, wir können uns der inneren Wahrheit als Möglichkeit im Herzen nicht verschließen oder sollten uns Rechenschaft geben darüber, welche Philosophie uns dagegen verschließt.

Eine solche Wende wäre ja nicht nur eine Sache von Dichtern und Träumern. Sie ist auch ein bewegendes Element in unserer ökologischen Krise. Auch hier geht es nicht nur um naturwissenschaftliche Fakten, obwohl es deren genug gibt, die zur Krise beitragen. Der emotionale Anteil der modernen Umweltbewegung bedarf einer weiterreichenden, letztlich philosophischen Erklärung und Begründung. Werner Theobald (2002) sieht diese in Relikten mythischen Denkens, aber nicht in einem abwertenden Sinn. Im Gegenteil. Diese verdrängte und vergessene Beziehung zur Natur – und zum Menschen! – ist zu Bewusstsein zu bringen, wobei eine Formulierung, die Natur und Mensch trennt, wenn auch, um sie zu verbinden, sich von der res extensa und res cogitans noch nicht völlig gelöst hat. Theobald geht so weit, mit A. Naess in einer Ausweitung unseres »kleinen Selbst« hin zu einem »großen Selbst« im Sinn der indischen Atman-Lehre, die ja dort mit der Vielheit der göttlichen Erscheinungsformen, dem Polytheismus also, vereinbar ist, eine ökologische Zukunftsperspektive zu erkennen (Theobald 2002, 81). Dies trifft sich mit Hübners Überlegungen zu Heideggers »Ontologie des Selbst«, die »eine Fundamentalontologie darstellt, also derjenigen der Wissenschaft noch vorausliegt« (Hübner 1985, 336), überschreitet aber die bloße Wahrnehmung der Natur als numinös. Das tun auch die alten Riten, in denen der Mensch seine Identität mit dem Göttlichen erfuhr, sodass sogar der Fortbestand der Welt, weil von dem Gott, so auch im Ritus vom menschlichen Vollzug abhing. »Gott selbst tanzt den Tanz der Menschheit« (Nebel, zit. nach Hübner 1985,195), sodass »die Menschen zur Würde der Götter emporgehoben werden« (Casel, zit. nach Hübner 1985, 192). Der »Tänzer *ist* der Gott, *wird* zum Gott …« Es ist das keine bloße nachahmende Darstellung, sondern unmittelbarer Vollzug.

> »Wirksam aber ist es deswegen, weil die mythische Substanz der in der Arché gegenwärtigen Gottheit die am Drama Teilnehmenden durchdringt, sie erfüllt und damit etwas von der Kraft dieser Substanz in sie übergeht. Darin wurzelt ein beglückendes Lebensgefühl, das sie in ihr alltägliches Dasein hinüberführen.« (Hübner 1985, 194)

Es handelt sich um nichts weniger als um »eine wahrhafte Transsubstantiation« (Cassirer, zit. nach Hübner 1985, 194).

Manchem Leser wird das nicht nur zu weit gehen, sondern in Erinnerung an den Missbrauch von Mythen und entsprechenden Symbolen durch den Nationalsozialismus als gefährlich erscheinen. Gleichwohl gehört das Mythische zur Konstitution des Menschen, und gerade deshalb können politische Demagogen oder die moderne Werbung es sich zunutze machen. Auch im Namen der Wissenschaft und Religion sind schreckliche Verbrechen geschehen, ohne dass wir diese in Bausch und Bogen verwerfen dürften (Hübner 1985, 36 f). Die Verführbarkeit ist durch »aufgeklärte«, »entmythologisierte« Abstinenz wegen des dann ungestillten Bedürfnisses um so größer.

In diesem Zusammenhang verdient es erwähnt zu werden, »dass offenbar der Homerische Hexameter durch bestimmte Tanzschritte bestimmt war, die seine Rezitation begleiteten« (Hübner 1985, 194). Auch das griechische Orakel fasste »seine Sprüche in einer Form, die damals allein ein allgemeines Gedächtnis und ein Weiterwirken gewährleisten konnte, nämlich den Hexameter« (Hübner 1985, 234). Das erscheint in neuem Licht, wenn heutige Forschung zeigt, dass allein das Rezitieren von Hexametern messbar langsame Atemschwingungen hervorbringt, die Lungen effizienter arbeiten lässt, den Blutdruck senkt, Atemfrequenz und Herzschlag synchronisiert. »Offensichtlich hilft der Hexameter dem Körper, seinen eigenen guten Rhythmus zu finden« (Dirk Cysarz et al. 2004, H 579–587). Solche Forschungen fernab von einem durch mythische Inhalte bewegten Bewusstsein zeigen dennoch die somatische Komponente einer möglichen ganzheitlichen Erfahrung. Dies ist heute Gegenstand weiterführender Untersuchungen (Andrew Newberg, E. d'Aquili und V. Ranse 2004).

Dem Leser der vorangegangenen Kapitel wird nicht entgangen sein, dass sich die Philosophie der modernen Naturwissenschaften diesen von den klassischen Wissenschaften verdrängten Sichtweisen wieder annähert, das heißt auch einer Fundamentalontologie des Selbst, die Natur und Mensch in einer neuen und doch ursprünglicheren Sicht umschließt.

Die Deutschen Idealisten haben das »Unbedingte im Ich« erkannt und erfahren, aber das Ich war zu eng, um die »Natur« mit zu umfassen. Sie versuchten es mit einem »Subjekt-Objekt«, ließen sich von Spinoza inspirieren. Schließlich kippte das Verhältnis von Bewusstsein und Sein bei Karl Marx um zu einem materialistischen Seinsverständnis mit dem Primat des Seins, wie er es verstand, das das Bewusstsein bestimmt. Trotz mancher pragmatischer Stimmigkeit kann das materialistische Konzept von Karl Marx als gescheitert betrachtet werden. Nun ist der Fehler, nämlich die Enge des idealistischen Ich-Begriffs zu überwinden. War die Physik früher das Bollwerk des materialistischen Monismus, so hilft gerade die Physik heute, die Sicht wieder umzukehren, aber mit einem Begriff des Selbst, der, wie das psychoanalytische Konzept zeigen kann, *zwischen* »Ich« und »Es« auf Einheit hin angelegt ist.

Die Physik hat aber auch, wiederum jenseits ihrer Wissenschaft, in der Kunst einen Ausdruck gefunden. Paradigmatisch sei hier auf Dalís Rezeption Einsteins, Heisenbergs, Schrödingers, Diracs und anderer hingewiesen. »The artist must express the cosmology of the epoch in which he lives« (Ades 2004, 372), betont er. »In the Surrealist period I wanted to create the iconography of the interior world – the world or marvellous, of my father Freud. I succeeded in doing it. Today the exterior world – that of physics – has transcended the one of psychology. My father today is Dr. Heisenberg« (Ades 2004, 439). Und über die Differenzen zwischen Einstein und Heisenberg: »the two might be reconciled through religion« (Ades 2004, 366). Seit 1951 datiert er in diesem Gefolge eine »new era of mystic painting« (Ades 2004, 364). So beschreibt er sein Ölgemälde *Raphaelesque Head Exploding* von 1951 als eine »interpretation of the creation, destruction and reintegration of the Universe as conceived by the ›Eternal Mind‹« und fügt hinzu, »Surrealism is disintegration. My paintings now show the spirit of reintegration« (Ades 2004, 358).

Teil II

5. Osiris Re Horus

Die Ägyptologie hat bekanntlich Stufen durchlaufen. Das Verständnis der Schrift z. B. war ganz der Vergessenheit anheim gefallen, die geheimnisvolle Bilderschrift gab Anlass zu phantasievollen Deutungen, bis Champollion mit seiner Entschlüsselung der Buchstabenschrift eine positivistische Ägyptologie einleitete. Erst in neuerer Zeit lockerte sich dieser Zugriff zu Gunsten einer mehr verstehenden Ägyptologie. Aber immer noch hielt und hält man eine Deutung der Symbole, sofern sie sich nicht in Schrift auflösen, für »beliebig«. Es heißt, man habe keinen Zugang dazu, und man geht daran vorüber. Wir stehen vor dem Problem, dass dem wissenschaftlichen Geist die in den Symbolen ausgedrückten Mysterien eo ipso verschlossen bleiben. Dennoch gilt der wissenschaftliche Zugang als der einzig mögliche und legitime Erkenntnisweg. Der uns als naiv erscheinende, dabei sehr differenzierte Jenseitsglaube im Verein mit einer Hochblüte der Kunst ist immer wieder geradezu erschlagend und jede innere Annäherung entmutigend.

Es ist aber wohl auch der Ägyptologie aufgefallen, dass die alten Symbole und Riten zwar für uns untergegangen sind oder nur verschlüsselt und umgeformt – wie der Marmor alter Tempel in den Wänden späterer Wohnhäuser – etwa im Christentum weiterleben, ein Hinweis, der den Kirchen nicht so recht ist, aber z. B. in Indien in Riten und Festen lebendig sind, besonders konzentriert in Benares (Eck 1989). Auch dort gibt es eine volkstümliche Ebene der vielen Götter, die aber – gelebte – Symbole sind, und eine Ebene der Gebildeten, der Vedantisten, die, besonders im Advaita Vedanta (A = nicht; dvaita = Zweiheits; Vedanta = Veden-Ende, auch Wissensende), die Einheit des Seins in den Vordergrund der spirituellen Erfahrung rücken.

Mein Vorschlag ist nun, von Indien aus, d. h. mit dem dort geschulten Auge auf Alt-Ägypten zu blicken. Hier wie dort sind Götter eher »Gegenstände der ›Schau‹« »(…) nicht Gegenstand des ›Glaubens‹« (Assmann 1990, 22). »Um ein Beispiel zu nennen: der Hohepriester des Sonnengottes von Heliopolis trägt den Titel ›der den Grossen schaut‹, später umgedeutet zu ›Größter der Schauenden‹« (Assmann 1990, 22). Überhaupt bieten sich für den Ägypter die Welt und dann auch die Hieroglyphen in ihrer ikonischen Weltreferenz der »kontemplativen Anschauung« dar (Assmann 1991, 89). Wichtiger aber scheint mir zu sein, dass hier wie dort »jene All-Einheit zum Ausdruck« kommt, »die dem ›kosmologischen Mythos‹ zugrunde liegt« (Assmann 1990, 30).

Das ist zu verdeutlichen. Der Begriff Ma'at, wenn wir denn hier von einem Begriff reden wollen, umfasst »Weltordnung«, aber nicht in einem objektivierten Sinne. So wird er den Griechen zugeschrieben. Auch ist die Weltordnung nicht durchgängig von einem der Welt (dualistisch) gegenüberstehenden Schöpfergott geschaffen. »Der Begriff der Schöpfung impliziert eine Dissoziation von Gott und Welt, indem er sie als Subjekt und Objekt des Schöpfungsprozesses unterscheidet«

(Assmann 1990, 164). Diesem transitiven Modell der Schöpfung steht das intransigente Modell der Kosmogonie gegenüber, in der die Welt nicht als Objekt einer Schöpfungshandlung, sondern als Subjekt eines Selbstentfaltungsprozesses erscheint (Assmann 1990, 164f), also »autopoietisch« verstanden wird. Allerdings liegt in der kosmologischen Spekulation der Ägypter der Akzent bald mehr auf der einen, bald mehr auf der anderen Seite. Die sich entfaltende Welt ist so ihrerseits ein Gott, Atum, der dann oft als Schöpfer gedeutet wurde. Der eigentliche Begriff eines Schöpfergottes ist hingegen israelitisch. Assmann betont, dass die ägyptische Weltordnung als Ma'at im Sozialen und Ethischen verankert ist und als Kernbedeutung nicht »Weltordnung«, sondern vielmehr »Gerechtigkeit« anzusetzen sei. »… statt ›Gerechtigkeit als Weltordnung‹ heißt es ›Weltordnung als Gerechtigkeit‹« (Assmann 1990, 34). Das kann politisch verstanden werden. »Festzuhalten ist aber in jedem Fall an jener Homologie der kosmischen und der sozialen Welt, die, wie schon Cassirer 1923 gezeigt hatte, dem mythischen Denken zugrunde liegt. Im Rahmen dieses Denkens wird die kosmische Sphäre in den Begriff der Gerechtigkeit einbezogen« (Assmann 1990, 34). »Der Begriff Ma'at bezeichnet das Programm einer politischen Ordnung, die nicht nur unter Menschen soziale Gerechtigkeit herstellen, sondern dadurch Menschen- und Götterwelt in Einklang bringen und die Welt insgesamt in Gang halten will« (Assmann 1990, 34).

Mit der wissenschaftlichen Einordnung dieser Sicht in den »kosmologischen Mythos« distanziert sich die Ägyptologie als solche, d. h. als Wissenschaft, und wie das moderne Weltbild überhaupt auch von dem, was in Indien Advaita Vedanta heißt. Bedenkenswert bleibt dabei, dass der »Kosmotheismus« der Ramessidenzeit (Assmann 1990, 265) als Unterströmung inmitten der (dualistischen) westlichen Großreligionen, als verdrängtes ägyptisches Erbe wiederkehrend, weitergelebt hat (Assmann 1990, 279). Unsere Frage ist, wie weit die ägyptische Form der All-Einheit mit dem entsprechenden indischen Konzept des Advaita als kongruent gelten kann. Letzteres behauptet sich ja in der modernen Physik. So kommt Shimon Malin (2003, 425) zu der Frage: »Hängt wirklich das Wohlergehen des gesamten Universums von uns ab?« Malin tendiert bei aller gebotenen Zurückhaltung zu der diesbezüglichen Ansicht Plotins, den er immer wieder zitiert: »Plotins Aussage lautet also, dass jeder von uns eine doppelte Aufgabe in der Ordnung des Universums zu erfüllen hat: Erstens, die rechtmäßige Teilhabe an der Verantwortung der Weltseele, die ›den ganzen Kosmos durchwalte‹ und zweitens, die Lenkung des Einzelnen« (Malin 2003, 409). Das mag, so aus dem Zusammenhang gerissen, für den wissenschaftlich denkenden Ägyptologen schockierend oder abwegig erscheinen. In Plotins Vision einer vielschichtigen Wirklichkeit, die dem wissenschaftlichen Denken, wie Malin betont, fremd ist, »sind die höheren Ebenen durch geistige Versenkung in das Subjekt erreichbar. Der Mensch hat einen bedeutungsvollen Platz im kosmologischen Schema inne. Die grundsätzliche Selbstbeschränkung unserer Wissenschaft, das heißt, ihr Festhalten am Prinzip der Objektivierung, verhindert eine Übereinstimmung zwischen der Quantentheorie und Plotins Vision« (Malin 2003,

354), für die Malin sich einsetzt. Und das gälte dann für das so selbstverständlich gewordene wissenschaftliche Weltbild überhaupt, nicht zuletzt für eine Ägyptologie, die ihrem Gegenstand verstehend gerecht werden will.

Ein besonders kritischer Punkt ergibt sich so dort, wo es um die Vergöttlichung des Menschen geht. In Ägypten betrifft das nach Ausweis der Texte das »Jenseits«. »Aus dem gestorbenen Menschen wird ein ›lebendiger Gott‹« (Assmann 1990, 135). Die Schwelle zwischen »Diesseits« und »Jenseits« wird oft als hoch beschrieben. So wurde der Tote seit der 6. Dynastie als Osiris angeredet, »frei schreitend wie die Herren der Ewigkeit« (Assmann 1990, 118). Diese Osirisreligion beeinflusste die griechisch-bakchischen Mysterien: »Gott bist du geworden aus einem Menschen«, heißt es auf einem Goldplättchen, einem Grabfund aus Sybaris/Thurioi in Griechenland ca. 400 v. Chr. (Burkert 2003, 83). Osiris ist mit der Unterwelt verbunden, für die Griechen mit dem Hades. Der Pharao, später und zugleich als Sohn des Sonnengottes gesehen, vereinigt sich im Tode mit diesem, mit Re. Das verallgemeinert sich schließlich im Mysterium der Vereinigung von Re und Osiris (Assmann 1991, 52). Das »Jenseits« hat so auch Züge des griechischen Elysiums. Oder der Mensch wird Horus.

> »Jeder ägyptische König spielt auf seinem Weg zum Thron den Osiris-Horus-Seth-Mythos nach, indem er sich durch die Bestattung seines Vaters bzw. Vorgängers und seinen Triumph über ›Seth‹ als ein wahrer Horus legitimiert. Hier geht es also um das ›Werden zu Horus‹, um einen Übergang nicht ins Jenseits, sondern ins Königtum. Mit der Demotisierung königlicher Jenseitsvorstellungen nach dem Zusammenbruch des Alten Reichs wird aber für den nichtköniglichen Toten das ›Werden zu Horus‹, d.h. zu einem König, ein notwendiger Schritt zu seinem erstrebten Ziel jenseitiger Unsterblichkeit. Er muss erst einmal zu einem König werden, um an der königlichen Unsterblichkeit teilzuhaben.« (Assmann 1990, 128)

Grab des Sen-nedjem in Der el Medina

Eine symbolische Darstellung aus dem Grab des Sen-nedjem in Der el Medina (Lurker 1974, 34, Tafel I; Medhananda 1991, 270) zeigt einen Mann mit (Zeremonial-)Bart, darum den Pharao oder den Toten in Identifizierung mit ihm. Er kommt, durch Bäume dargestellt, aus dem Bereich der Natur, reitet auf einer der Göttin Hathor heiligen Kuh hinüber in seine andere göttliche Gestalt. Diese sitzt in der gleichen Haltung auf einem Sockel, wohl der Hieroglyphe »Wahrheit« (Assmann 1990, 16), jetzt mit einem Falkenkopf und gekrönt mit einer den Kreis der Ewigkeit bildenden Schlange. Der Mensch ist Horus geworden. Medhananda hat vom indischen Advaita aus über solche Bildwerke der Ägypter meditiert. Für die ägyptologische Faktenlage sind diese Betrachtungen nicht aussagestark, allzu oft fehlerhaft (wie Freunde von mir detailgenau herausgearbeitet haben), auch wenn wir in Rechnung stellen, dass die Bewusstseinslage des Advaita Vedanta den Ägyptologen als westlichen Wissenschaftlern nicht zugänglich ist (unter die Kategorie »mythologisches Denken« fällt) und deshalb einige Aspekte im Alten Ägypten ihnen verborgen bleiben mögen. Die All-Einheit im indischen Kontext überwindet in einem bestimmten Sinne die ägyptische Schwelle zwischen Diesseits und Jenseits im Einssein mit dem Weltgrund im Innersten des »wahren Selbst«. Dann ist die Frage erlaubt, ob das »Werde, der du bist« und das im gleichen Sinne verstandene »Erkenne dich selbst« in Alt-Ägypten so unbekannt gewesen sein sollten.

Dies muss nicht durch Versenkung und Meditation des Individuums, nicht in einer Unio mystica geschehen. Assmann spricht in seinem neuesten Buch für Alt-Ägypten an dieser Stelle von einer Unio liturgica, die dann auch in der jüdischen merkaba-Mystik ganz ähnlich beschrieben wird (Assmann 2004, 165, Fußn.; 170 Fußn.). Alle spätere Mystik ist gewissermaßen eine »privatisierte« Nachfolgeinstitution letztlich des ägyptischen Tempelkults (Assmann 2004, 165). Es gibt auch eine Überlieferungsform, die Assmann als esoterisch einstuft, Bilder und Texte, mit denen die hermetisch verriegelten, unzugänglichen Königsgräber ausgeschmückt waren, Texte, »die allem Anschein nach nur dem Eingeweihten zugänglich waren, ›die nicht gekannt werden von irgendwelchen Menschen außer vom Erlesenen‹, wie es im Amduat heißt« (Assmann 2004, 174). »Wer das weiß, ist ein Ebenbild des Grossen Gottes«, wiederum im Amduat (Assmann 2004, 170). Das Geheimnis des bewusstlos (nnjw) im Urmeer treibenden Urgottes, der durch sich selbst entstand (in Indien svayam-bhu), der zu Bewusstsein kommt und schöpferisch handelt (in Indien Vishnu schlafend auf der Schlange Ananta, »ohne Ende«), ist dem Verstand unergründlich. Er ist »Der seinen Namen verborgen hält«. »Er wird gar nicht mit Namen angerufen, denn er geht über die namentlich bekannten Götter des traditionellen Polytheismus hinaus« (Assmann 2004, 193 f), der All-Eine, von dem es in einem Hymnus heißt: »Sei gegrüßt, du Einer, der sich zu Millionen machte« (Assmann 2004, 193). In der Spätzeit wird dieser Eine auf Isis übertragen, worauf sich Plutarch mit seiner Legende vom verschleierten Bild zu Sais bezieht (Assmann 2004, 195). Die anfängliche kultische Teilhabe wird schließlich immer mehr individualisierend umfunktionalisiert zur mystischen »Einswerdung mit dem Göttlichen« (Assmann

2004, 172), die aber auch nicht so weit von der Unio liturgica entfernt werden kann, dass die eine mit der anderen gar nichts mehr zu tun hat, wie es der wissenschaftliche Hang zu scharfen Unterscheidungen zu fordern scheint.

Der Weg zur Radikalisierung durch Moses den Ägypter, aber auch zur jüdischen Mystik ist dann nicht so weit.

Osiris, der »Tote«, und Re, der Lebendige und Leben spendende verhalten sich wie »Resultativität und Virtualität« (Assmann 1991, 52). Auch Horus verkörpert Virtualität gegenüber Osiris (Assmann 1991, 50). Der lebende König ist Horus. Es gibt eine Verbindung zwischen Sohn und verstorbenem Vater: »… die vergegenwärtigende Kraft des Herzens« (Assmann 1991, 122), die die »wichtigste Aufgabe des Sohnes ist« (Assmann 1991, 122), ein Dogma, »das in wohl kaum ergründliche Tiefen der ägyptisch-afrikanischen Vorgeschichte hinabreicht« (Assmann 1991, 134). Die Meditation mag sich aber auch in die Zukunft richten. Von Alt-Ägypten aus gesehen ist das Christentum eine Zukunft, in die vieles sehr Alte hineinreicht. Jesu »Ich und der Vater sind eins« (Joh. 14, 6) wiederholt diese Verbindung und hebt sie für das Christentum auf eine einzigartige Höhe. Und dieser Sohn kann von sich sagen: »Ja, ich bin ein König« (Joh. 18, 37), und »mein Reich ist nicht von dieser Welt« (Joh. 18, 36), wodurch »Säkularisierung der Macht denkbar« (Assmann 1991, 245) wird. Vielleicht können wir das als Entfaltung eines Sinns durch seine Wirkungsgeschichte deuten, wie es uns Gadamers Hermeneutik gelehrt hat. Eine ganz ähnliche Denkfigur nimmt auch der Mahayana-Buddhismus der Kengon- und Tendai-Schule in Japan (Brüll 1993, 37f; 43) gegenüber dem Hinayana ein. Virtualität und Resultativität begegnen uns wieder in der neuen Physik, wobei das makrophysikalische Objekt den toten Osiris vertritt, Horus aber die quantenphysikalische Welt der schöpferischen Möglichkeiten ausgreifender Einheit. Die Hirnforscher, die, obwohl sie heute das lebende Gehirn untersuchen, nur von klassisch physikalisch-chemischen Vorgängen ausgehen, erforschen »Osiris«, sie finden »Horus« nicht. Dass es dabei, nebenbei bemerkt, um eine »sinngebende Symbolwelt« geht, die, wie die Rituale in Indiens Veden, eine »Vor- und Latenzstufe des Mythos« darstellen, der »sich erst später in Göttergeschichten« entfaltet (Assmann 2004, 42), dürfte ganz unmittelbar einzufühlen sein. Und solche erhellenden Symbolkonfigurationen sind dann eben nicht nur in von den Naturwissenschaften scharf abzugrenzende, deshalb nicht mehr ganz ernst zunehmende »Geisteswissenschaften« abzuschieben.

Über das Mythologische hinaus sollte das Magische in unseren Überlegungen nicht ganz ausgespart bleiben. Die Identität mit dem göttlichen, schöpferischen Weltgrund im »wahren Selbst« kann sehr leicht, und besonders von einem mit Macht ausgestatteten Herrscher, mit dem empirischen Ich verschmelzen, was im Prinzip einem Größenwahn, »Allmachtswahn und Despotismus« (Assmann 1991, 238) gleichkäme. Andererseits »dienen die Pyramiden nicht der persönlichen (und in diesem Sinne ›despotischen‹) Verherrlichung des Königs, sondern der Verehrung des in ihm verkörperten Staatsgottes. Insofern sind die Pyramiden ein sinnfälliges

Symbol ›identitärer‹ Göttlichkeit, als Grabmal und Tempel eines Königs, der ›aus eigener Kraft‹ Gott ist und sich, nach seinem Tode, zum Himmel aufschwingt« (Assmann 1991, 242). Die schmalen Schächte in den Wänden der Königskammer weisen zu den nie untergehenden Zirkumpolarsternen, einem später verbreiteten Symbol der axis mundi. Zum mindesten in der eigentlichen Pyramidenzeit, der 3. und 4. Dynastie, ist von solcher »Identität« des Menschen, hier also nur des Königs, mit Gott, Horus und Re, die Rede. Bei aller gewaltigen Distanz des Königs ist seine Identität also »nicht individuell, sondern kollektiv: in seinem Willen ist der allgemeine Wille gebündelt, in seiner Person die Gesellschaft personifiziert, in seinem Handeln das Handeln aller zusammengefasst« (Assmann 1991, 246). Die Idee, oder sollten wir sagen die Erfahrung der Identität mit dem wie auch immer gefassten Göttlichen

> »ist aber, allen Einbrüchen neuartiger Wirklichkeitserfahrung zum Trotz, nie aufgegeben worden. Wenn man in den Tempelreliefs der Spätzeit noch römische Kaiser als Gottessöhne mit dem In-Gang-Halten der Wirklichkeit beschäftigt sieht, muss man feststellen, dass das Königsdogma sich über alle geschichtlichen Erfahrungen und Wandlungen hinweg als unverzichtbar erwiesen hat. Allerdings hat es sich im Laufe unablässiger Reinterpretationen zu einem weitgehend fiktiven sakralen Amt, einer leeren Rolle entwickelt, die immer weniger mit Formen lebensweltlicher Wirklichkeit in Beziehung zu bringen ist; bis dann endlich Christus Pantokrator das immer weltferner gewordene Amt übernahm und mit neuem Sinn erfüllte. Der beispiellose Siegeszug des Christentums in Ägypten mag sich u. a. aus dem beziehungslos gewordenen und doch unaufgebbaren Dogma der Gottessohnschaft erklären.« (Assmann 1991, 258)

Wiederum ist es lohnend, auf Indien zu blicken.

> »Auch in der traditionellen Sanskrit – Literatur war der König nicht nur der Bewahrer der öffentlichen Ordnung und oberster Kriegsherr, er galt als Schöpfer, als Heiler, als erster und vornehmster Opferer, als Bewahrer und Verkörperung des Dharma, als Gott. Inthronisierung war Deifizierung, und das ist – zumindest im nepalischen Königtum – bis heute so geblieben. (…) Wichtig ist zu sehen, dass ›König‹ in diesem Zusammenhang keine Person, kein Symbol, keine Metapher ist, (…) sondern eine Heils-Macht, die – im Prinzip – jeder haben und sein kann, die der inthronisierte König aber in besonderem Maße verkörpert.« (Michaels 1998, 305)

»Er ist sogar Gott« (1998, 306). Er ist »nicht mehr von dieser Welt«. »Weil die Macht des Königs aber eine religiöse Substanz ist, ist sie auch nicht an den König gebunden. Jeder kann sie haben und umsetzen« (1998, 308). So steht Indien *neben* dem Weg Ägyptens zum Christentum.

Wenn wir dabei das Magische bedenken, wodurch in »synchronistischen« Ereignissen (C.G. Jung) die Ebene des Alltagsich durchbrochen wird (Niedecken 2001), dann heißt das freilich auch, dass dieses Ich »Synchronismen« nicht »machen« kann. In Ägypten ist das nicht Sache des Königs, dafür gab es »Spezialisten, die dem König jederzeit zu Gebote stehen« (Assmann 1991, 235). In Indien gelten solche Fähigkeiten als untergeordnete Möglichkeiten am Rande einer Entfaltung des Selbst.

Für die ägyptische Jenseitsvorstellung und die Verbindung von Diesseits und Jenseits wird ferner das Konzept des Ba wichtig. Der Ba »ist als solcher unsterblich« (Assmann 1990, 115). »Virtualität und Potentialität im reinsten Sinne des Wortes« (Assmann 1991, 51). Auch dieses Konzept dürfte sich in abgewandelten Formen in späteren, christlichen wie indischen, Seelenvorstellungen fortsetzen.

Allumfassend wie der Falkenblick des Horus ist auch die Göttin zu Sais mit der berühmten Inschrift: »Ich bin alles, was da war, was da ist und was da sein wird. Kein Sterblicher hat meinen Schleier gelüftet«. Spätere Zeiten sahen in der Göttin die Natur, deren Schleier nun die Naturwissenschaften lüften. Schiller hat die Inschrift in einem Gedicht traurig missverstanden. Der Jüngling, der, das Verbot missachtend, den Schleier lüftete, starb, »ihn riss ein tiefer Gram zu frühem Grabe« (Schillers Werke 1907, 1–2, 98). Rüdiger Safranski hat dafür eine Deutung:

> »Was der Jüngling von Sais gesehen hat, als er zudringlich den Schleier lüftete, können wir ahnen, denn Schiller hatte zuvor im ›philosophischen Gespräch‹ des ›Geistersehers‹ einen Fingerzeig gegeben; hinter der Decke vor dem Geheimnis der Welt könnte, so heißt es dort, sich ganz einfach auch – nichts verbergen. Wahrscheinlich hatte der Jüngling von Sais auch genau dies – die Belanglosigkeit – entdeckt und war darüber zu Tode erschrocken Das heißt: Die großen Wahrheiten darf man nicht enthüllen wollen, denn dann stürzen sie einen in die Banalität; man muss sie vielmehr mit Enthusiasmus und Liebe ins Werk setzen, dann erst werden sie reich und schön. Das ist die ästhetische Religion Friedrich Schillers.« (Safranski 2004, 325 f)

»Nichts«, »die Belanglosigkeit« steht hinter allem, ein durch ästhetischen Schein übertünchter Nihilismus. So empfiehlt Safranski uns Heutigen Schiller als Zeitgenossen und leitet eine Schiller-Renaissance ein. Auch eine Deutung Alt-Ägyptens wäre von hier aus möglich.

Novalis deutete den Sinn anders: »Einem gelang es – er hob den Schleyer der Göttin zu Sais. – Aber was sah er? er sah – Wunder des Wunders – Sich Selbst« (Novalis, Schriften 2, 1960, 584). Wir könnten vielleicht besser sagen: sein Selbst, sein wahres Selbst. Das entspricht auch, wie Stockinger (2001) in einem Artikel, überschrieben »Das ›Selbst‹ und das ›selbst‹«, von einer neu aufgefundenen Handschrift des Novalis berichtet, einem Gedicht, das unterstrichen beginnt: »Eins nur ist, was der Mensch zu allen Zeiten gesucht hat« und endet: »und er fasst endlich das: Kenne dich Selbst«. Vor Auffindung der Handschrift wurde das letzte Wort stets klein geschrieben. Man kann in dieser Betonung des Selbst den »Ausdruck eines an Fichte genährten Solipsismus« (Herausgeber in: Novalis, Schriften 1, 1960, 75) sehen, dem Novalis alsbald die Kraft der Liebe entgegenstellte. Das mag Leserinnen und Lesern wie Herausgebern, so dann auch Safranski (2004, 391) gefallen, aber welche biographischen Fakten dem auch entsprechen mögen (z. B. das etwa gleichzeitige Märchen von Hyacinth und Rosenblüthchen), es wird der von dem in Ägypten geborenen Plotin an Novalis (vgl. Mähl in: Novalis, Schriften 3, 1968, 210 f) vermittelten (übrigens jedenfalls inhaltlich auch zu Fichte reichenden) Tradition nicht gerecht. Vielheit muss nicht gegen Einheit ausgespielt werden. Die Einheit »liebt« die Vielheit, sonst hätte sie diese nicht aus sich hervorgehen lassen. Und dann ist der Jüngling eben kein Sterblicher mehr. Übereinstimmend ist das die Aussage der spirituellen Erfahrung in Indien: »… man ist alles, was existiert« (Anandamayi Ma 1990, 111). So gesehen ist auch kein Widerspruch zwischen dem Kosmotheismus der Göttin zu Sais und dem biblischen »Ich bin, der ich bin«, sofern hier unser kosmisches Bewusstsein, unser kosmisches wahres Selbst »Ich« sagt (vgl. hingegen Assmann 1996, 468). Darauf kann ein anderes Verständnis Alt-Ägyptens oder wenigstens seiner »esoterischen« Seite sich gründen.

6. JHWH (Ex. 3, 13–15)
Ich bin: der »Ich bin«

In Exodus 3, 13–15 gibt Gott aus dem brennenden, aber nicht verbrennenden Dornbusch (für die späteren Juden ein Symbol Israels) Moses eine Antwort auf dessen Frage nach seinem, Gottes, Namen. Die darin enthaltene Selbstoffenbarung Gottes wurde und wird gleichwohl als sibyllinisch, dunkel, kryptisch, redundant, ja ausweichend und als Aussageverweigerung empfunden und facettenreich kommentiert (Krochmalnik 2000, 183 f).

Gott sprach zu Moses: »Ich bin, der ich bin« (Ehje Ascher Ehje). Der stattdessen gebräuchliche, aber ebenso deutungsbedürftige vierbuchstabige Gottesname JHWH, den die Juden nicht aussprechen, kommt im Alten Testament 6 700 Mal vor. Gott leitet seinen Eigennamen vom Verb »sein« (Haja) ab. Das hat die philosophische Theologie stets fasziniert. Offenbart sich Gott nicht als das absolute Sein, Hawaja? So meinte der größte jüdische Religionsphilosoph des Mittelalters, Moses Maimonides, dass Moses den Israeliten in Ägypten eine Art philosophischer Vorlesung über Existenz und Wesen Gottes gehalten habe: »Ich bin das Seiende, das existiert.« Das Seiende, das gar nicht anders gedacht werden könne als existierend. Auch die antiphilosophischen Kabbalisten gebrauchten diese Interpretation. Wenn von Gott in der dritten Person geredet wird, könnte man die in der Bibel gelegentlich vorkommende Form des Seinsverbs Hawa zugrunde legen, sodass er dann »Jehwe oder so ähnlich« (Krochmalnik 2000, 185) heißen könnte. JHWH könnte auch »aus einer vorhebräischen Schicht« (Lehmann 1989, 52) stammen, sodass »eine engere Verwandtschaft zum Wort für ›Sein‹ bestanden haben könnte, als man ihm heute ansieht« (Lehmann 1989, 52).

Der überwiegende Teil der jüdischen Erklärer hat diese Offenbarung Gottes aber nicht als Begriff des absoluten Seins genommen, sondern den relativen Sinn betont, der in den folgenden Zeilen der Bibel zu lesen ist: Moses solle dem Volk sagen, der Ewige (JHWH), der Gott eurer Väter, der Gott Abrahams, der Gott Isaaks, der Gott Jakobs sendet mich zu euch. So wurde das Wort auch übersetzt: »Ich werde sein, der ich sein werde,« nämlich der, der als Beistand bei euch sein wird. Damit ist der philosophisch kryptische Satz in die Heilsgeschichte hineingezogen. Mendelssohn hat die philosophische Interpretation, die bis zum unbewegten Beweger des Aristoteles reicht, mit der heilsgeschichtlichen zu verbinden gesucht, nämlich dass Gott mit seinem Volk in allen Verfolgungen »war« (Haja), »ist« (Howe) und »sein wird« (Jihje), und den Namen zusammenfassend mit »der Ewige« übersetzt. Es gibt im Deutschen kein Wort, das die Bedeutungen aller Tempora zusammen enthielte. Praktisch steht der Name des »Ewigen«, JHWH, in den Gebetbüchern für ein letztlich »politisches Programm«, es meint »den Gott des Exodus, der sich anschickt, als Gegengewalt gegen die tyrannische Gewalt des Pharao aufzutreten« (Krochmalnik

2000, 187), den »Gott der Propheten, den bewegtesten und bewegendsten Beweger, der notleidenden Wesen unverbrüchliche Zusage macht und zuverlässig erfüllt« (Krochmalnik 2000, 187).

In diesen Interpretationen, ob sie Gott als Person oder philosophisch als eher unpersönliches Sein auffassen, immer ist er oder es ein Gegenüber. Damit ergibt sich, philosophisch gesprochen, ein Dualismus, durch den die abendländische Tradition in den drei großen Buchreligionen bestimmt bleibt.

Es ist aber möglich, die zentrale Selbstaussage in einer völlig anderen Traditionslinie zu lesen. Diese ist bereits in der Kapitelüberschrift angedeutet: Ich bin: der »Ich bin«. Wenn du tief innen und wahrhaftig dein »Ich bin« erfährst, dann erfährst du mich, denn: Ich bin dieses dein »Ich bin«, das wahre Selbst. Wenn Gott so sprechend vorgestellt wird, ist das allerdings bereits die dialogische, zweite Position, nicht die erste des reinen »Ich bin«. Moses könnte diese Erfahrung aus Ägypten mitgebracht haben, wo es, wie im vorangegangenen Kapitel ausgeführt, auch den Gott gab, der »seinen Namen verborgen hält«, nicht mit Namen angerufen wurde (Assmann 2004, 193). Einige Autoren leiten den Gottesnamen von HWH ab, das heute noch im Arabischen ›wehen‹ bedeutet (Lehmann 1989, 52). Das entspräche dem ägyptischen Flaggensymbol für das Göttliche. Wichtiger noch ist die Frage, ob das nichtdualistische Welt- und Menschenbild der »All-Einheit« Ägyptens hier in gekürzter Form in Erscheinung träte. Von einem »Ich bin Osiris, Re, Horus« bliebe dann nur das »Ich bin« übrig als monistische Identitätserfahrung mit dem Weltgrund, der ebenso diesseitig wie jenseitig ist. Für die großen dualistischen Buchreligionen des Abendlandes, die vergleichsweise exoterisch sind, erscheint eine solche Interpretation wie eine esoterische Geheimlehre, was sie in Ägypten gegebenenfalls wohl auch war. Von den Israeliten und der ihnen folgenden Tradition her gesehen, kann diese Lesart nur als Gotteslästerung, Anmaßung, als Hybris erscheinen, wie sie ja auch den Pharaonen zugeschrieben wurde. Eine solche Lehre war den Israeliten durch Moses nicht vermittelbar. Wir sollten den Pharaonen heute Gerechtigkeit, Ma'at, zukommen lassen (Assmann 1998; 1990). Aber selbst in unserer säkularisierten Welt wird diese Sichtweise zumindest als gefährlich und psychopathologisch beurteilt werden.

Anders von Indien aus. Hier wird das große »wahre Selbst« vom kleinen Ich deutlich unterschieden. Nur das »große Selbst« kann dann in Ex. 3, 13 gemeint sein. Befremdlich bleibt dem westlichen Leser, dass dieses große Selbst als unser gemeinsames Selbst erfahren wird, erfahren werden kann und soll. Und einiges spricht dafür, dass ein modernes, von der Physik inspiriertes Weltbild sich dieser östlichen Sicht annähern könnte. Der Kosmotheismus z.B. Goethes wäre dann nicht als symbiotisches Weltverhältnis durch die »Mosaische Unterscheidung« endgültig aufzugeben, die »Nabelschnur« auf dieser Ebene gerade nicht, durch die »Mosaische Unterscheidung« »frei geworden«, zu durchtrennen (Assmann 2003, 63), das gilt nur für das kleine Ich. Und die Intoleranz, entstanden aus dem Gebot »Du sollst keine fremden Götter neben mir haben«, wäre nicht die notwendige Folge des Gottesverständnisses.

Man kann die Frage stellen, was wohl auf den ersten Tafeln gestanden haben könnte, die Moses im Zorn zerschmetterte, als er das Volk um das »goldene Kalb« (den ägyptischen Apisstier) tanzen sah. Die Bibel geht davon aus, dass die ersten Tafeln wie die zweiten die Gebote enthielten. Wie aber, wenn die ersten, den inneren Erfahrungen ägyptischer Eliten folgend, eine ähnliche »Selbstoffenbarung« Gottes enthalten hätten? Die Gebotsreligion wäre dann eine dem unverständigen Volk angepasste Form der Offenbarung, eine universell gültige, in ihrer Heteronomie aber angefochtene, relativierte und begrenzte Weise der Gottesverehrung.

Vom Christentum wird die jüdische Religion deshalb als »Gesetzesreligion« gegenüber dem Christentum als »Liebesreligion« abgehoben und herabgesetzt. Jesus hatte sich für sein Liebesgebot (Matth. 22, 37) auf 5. Mos. 6, 5 berufen. Dieses sei »das vornehmste und größte Gebot« (Matth. 22, 38): »Du sollst lieben Gott, deinen Herrn, von ganzem Herzen, von ganzer Seele und von ganzem Gemüte.« Um der »Gesetzesreligion« psychologisch gerecht zu werden, ist nicht nur an Freuds Deutung als kollektive Zwangsneurose zu denken, sondern vor allem auch daran, dass der fromme Jude in der Befolgung der vielen, ihn den ganzen Tag umhüllenden Gebote und Vorschriften sich der Liebe Gottes sicher und in ihr geborgen weiß. Das hebt die Einwände gegen den damit verbundenen Fundamentalismus nicht auf und sagt vor allem nichts gegen die hier beschriebene Genese der Gebotsreligion als Anpassung Moses' an das unverständige Volk. Das Gesetz des Moses setzt sich fort in den Fundamentalismen der drei großen Buchreligionen, und es

> »ist, als ob der amerikanische Fundamentalismus weder gegen den islamischen noch gegen den jüdischen Fundamentalismus stünde, als ob sie alle zusammenspielten aus den verschiedenen Richtungen in Richtung auf ein und dasselbe Ziel, als ob sie alle einem gemeinsamen morphogenetischen Feld entstammten, das sich über die ganze geschundene Erde zieht und jederzeit zur Strahlung kommen kann, um tausendjährige Reiche zu erzeugen.« (Berkéwicz 2004, 112)

Und es setzt sich säkularisiert fort bis zum »Gesetz des Vaters« bei Lacan und anderen Psychoanalytikern, wobei es zum Gesetz der psychoanalytischen Institutionen wird.

Der »schlagendste« Einwand gegen die hier gegebene Interpretation des »Ich bin« als das »wahre Selbst« des Menschen steht am Beginn der Bibel in der Schilderung des Sündenfalls im Paradies. Es war die Versuchung durch die Schlange, d. h. durch Satan, die entgegen dem Verbot Gottes lautete: »Ihr werdet sein wie Gott.« Und zuvor widersprach die Schlange der Androhung Gottes für den Fall, dass Adam und Eva von der verbotenen Frucht äßen: »Keineswegs werdet ihr sterben.« Die Sünde war nicht nur Ungehorsam, so passt sie zu dem Gebote und Verbote gebenden Gott, sondern Adam, nach dem Bericht aber zuerst Eva, erlagen der Einflüsterung zur Hybris. Heute, säkularisiert, würden wir sagen, wenn wir gutmütig sein wollen, zu einer Unterbringung von Größenideen oder, dann im vollen Ernst, zum Größenwahn.

Folgen wir unserer vorgegebenen Interpretation und auch östlichen Traditionen, so dürfte es sich bei dem »Ihr werdet sein wie Gott« um eine andere, von den Juden als Hybris empfundene spirituelle Tradition handeln, vielleicht eine ägyptische. Es wäre wiederum mehr eine Tradition der Eingeweihten als eine der volkstümlichen Gottesverehrung. Und verbunden wäre sie mit einer Erfahrung der Unsterblichkeit. Ein ägyptisches Bild aus dem Tempel von Junit, das Vivant Denon bei der ersten wissenschaftlichen Expedition im Gefolge Napoleons aufgezeichnet und 1802 publiziert hat (Planche 114, Nr. 4, Latopolis), gibt zu denken: Die Symbole des Paradieses, Adam und Eva, die Schlange und der Baum sind eins – ein Bild ohne trennende Verbote.

Tempel von Junit

Im späteren Verständnis des Bibeltextes machte sich die Meinung breit, bei der Ursünde habe es sich um eine sexuelle gehandelt. Schließlich verführte »Eva mit dem Apfel« Adam. »Sie gab mir und ich aß«. Wenn wir diese Schicht ernst nehmen wollen, dann wäre zu vermuten, dass dabei alte Mythen des Hierosgamos, wie sie in Babylon (Eisele 1980) zelebriert wurden und heute noch in symbolischer Form in Japan fortexistieren, eine hintergründige Rolle spielten. Der biblische Gott erteilt auch diesen, die durch die sexuelle Liebe eine Erfahrung der Unsterblichkeit verheißen, wie es später oder seit jeher Tantriker taten und bis heute tun, eine radikale Absage. Aber: »Who knows the rapture of the soul's union with the Ultimate is a ›real adept of lovemaking‹. All others are merely enjoyers of women« (Sinha 1993, 144). Das gilt entsprechend für beide Geschlechter: »The worshipper, in this rite of maithuna, aims to merge herself or himself directly with the deity« (Sinha 1993, 142). Westlich individualisierte Menschen mögen dann leicht das Gefühl haben, sie seien »nicht gemeint«.

Moderne Deutungen sahen im Baum der Erkenntnis den Weg des menschlichen Geistes zur Wissenschaft vorgezeichnet und einen Hinweis auf negative Folgeerscheinungen einer einseitig technisch ausgerichteten Weltsicht einschließlich der damit u. U. verbundenen Hybris. In der Konsequenz wissenschaftlicher Weltbetrachtung stehen auch psychoanalytische Deutungen, die in der Verstoßung aus dem Paradies den Geburtsvorgang erkennen und in den Symbolen von Schlange, Baum und Höhle die Requisiten dieses Paradieses, Nabelschnur und Plazenta. Unsere regressiven Wünsche gestalten daraus Religionen. Die Wissenschaft löst auf solche und andere Weise Religion auf – oder es zeigt sich, dass der wissenschaftliche Zugang per se die Ebene spiritueller Erfahrung nicht erreicht und nicht erreichen kann, aber hilfreich ist, wenn er nicht als einzige Erkenntnisform verabsolutiert wird. Die intrauterinen Requisiten, die die Psychoanalyse entdeckt, sind nur das Material, aus dem die Symbole jeweils genommen sind. Falsche Verabsolutierungen vollenden aber die Vertreibung aus dem Paradies des Einheitsbewusstseins.

Eine Deutung des Sündenfalls und der Vertreibung aus dem Paradies der Einheit nimmt die konstruktivistische Deutung der Quantentheorie zur Hilfe. Die manifeste »Schöpfung« entsteht, wie wir im ersten Kapitel beschrieben haben, durch Dekohärenz. So ist für den Physiker Eberhard Müller (2004) insbesondere auch das Selbst des Menschen eine »Konstruktion«, herausgeschnitten aus der ursprünglichen Einheit, theologisch gesprochen, Folge der »Sünde«, das heißt der Sonderung aus der kohärenten göttlichen Einheit. Auch für Müller gilt:

> »Gott steht für die alles umfassende Einheit, zu der es kein ›Außerhalb‹ geben kann. Durch die Rede von Schöpfer und Geschöpf wird diese Einheit durch eine Differenz ersetzt. Gott lässt sich aber durch diese Differenz nicht auf eine bestimmte Rolle reduzieren, auch nicht auf die herausragende Rolle des Schöpfers. Gott ist mehr als nur Schöpfer, und sowieso mehr als die Geschöpfe. Die naheliegende Vorstellung eines externen Konstrukteurs passt nicht.«

Ob aber das von Müller herangezogene Bild von Mutter und Kind die Paradoxie auflöst? »Schöpfer und Geschöpf sind von vornherein kein isoliertes Gegenüber. Das Geschöpf ist am schöpferischen Akt beteiligt. Und zugleich lässt Gott im Geschöpf ein Stück seiner selbst. Das verleiht dem Geschöpf göttliche Würde« (Müller 2004, 85). Solche Würde zu verstehen, heißt m. E., einen Schritt zurück zu tun vor die Dekohärenz des Selbst, vor den »Sündenfall«, zur Einheit des »wahren Selbst« mit dem Göttlichen. So schreibt auch Müller:

»Jeder Mensch ist prinzipiell mit dem gesamten Universum korreliert. Ich kann einen Menschen nur denken, wenn ich zugleich das gesamte Universum mitdenke. Insofern ist in jedem Geschöpf das gesamte Universum mit einbeschlossen. Was einem einzelnen Geschöpf geschieht, geschieht der ganzen Welt. Wenn irgendwo auf der Welt Menschen gequält, gefoltert, missbraucht, getötet werden, betrifft das immer alle anderen Menschen auch. Mit den Worten eines jüdischen Sprichworts positiv formuliert: Wer einen einzelnen Menschen rettet, rettet die ganze Welt.« (Müller 2004, 95)

Obwohl Müller sich nicht völlig von der dualistischen Terminologie lösen kann, kommt er am Schluss seiner Überlegungen, auch über nicht-räumliche Zugänge in der Medizin, zu der Auffassung, dass diese »sie zugleich an traditionelle asiatische Vorstellungen anschlussfähig macht« (Müller 2004, 106).

Die Schlange ist auch in der Bibel nicht durchgängig ein Symbol des Bösen, des Versuchers zur Hybris. Besonders rätselhaft ist die eherne Schlange, die Moses (4. Mos. 21, 8f) auf Anweisung des Herrn in der Wüste aufrichtete. Gott hatte feurige Schlangen zur Strafe gesandt, »dass viel Volk in Israel starb«. Von der ehernen Schlange sagte der Herr jedoch, »wer gebissen ist und sieht sie an, der soll leben«. Seltsam ist, dass hier gegen das Verbot: »Du sollst dir kein Bildnis machen« (2. Mos. 20, 4), verstoßen wird. So wundert es eigentlich nicht, dass Hiskia (2. Kön. 18, 4) die eherne Schlange, die Moses gemacht hatte, zerstörte, »denn bis zu der Zeit hatten ihr die Kinder Israels geräuchert«. Für den Evangelisten Johannes wurde die eherne Schlange zum Symbol des erhöhten, gekreuzigten Christus: »Und wie Mose in der Wüste eine Schlange erhöht hat, also muss des Menschen Sohn erhöht werden, auf dass alle, die an ihn glauben, nicht verloren werden, sondern das ewige Leben haben« (Joh. 3, 14). Das Schlangensymbol (Egli 1982) ist in den alten Kulturen weit verbreitet, z.B. war die Schlange ein Symbol des Baal und seines Fruchtbarkeitskultes. Bei vielen Grabungen in Palästina wie im übrigen Vorderen Orient wurden bronzene Schlangen gefunden (Egli 1982, 65). Die Schlange ist auch ein Symbol des Pharao (Egli 1982, 39). Psychoanalytisch kann die Schlange als phallisches Identitätssymbol gedeutet werden, womit sie sich in unsere Thematik einfügt und das Bild vom Paradies abrundet.

Ein bis dato im Judentum ganz unbekanntes Selbstbewusstsein erscheint erst im Messianismus. Das wurde durch die 1947 aufgefundenen Schriftrollen vom Toten Meer bekannt. Und sofort setzte auch die Missdeutung ein. Der Autor einer Hymne, die hier besonders interessiert, »nimmt den Lobpreis, der in der Bibel Gott gezollt wird, und nutzt ihn zur Selbsterhöhung! Der Begriff *elim*, den der Autor verwendet, bedeutet in diesem Zusammenhang Engel. Der Verfasser brüstet sich damit, dass keiner der Engel im Himmel den Vergleich mit ihm aushalte« (Knohl 2002, 30). Unter den Wissenschaftlern ist diese Hymne als »Selbstverherrlichungshymne« bekannt. Es wird angenommen, dass sie eine Reaktion auf Augustus sein könnte, der sich als Sohn Gottes verehren ließ. Zugleich identifiziert sich der Autor mit dem leidenden Knecht aus Jesaia 53:

>»(Wer) ist verachtet wie (ich)? Und wer) ist verworfen (unter den Menschen) wie ich? (Und wer) gleicht m(ir im Ertragen) von Schlimmem?«
>»Wer ist wie ich unter den Engeln?«
>»Ich werde zu den Engeln gerechnet, und meine Wohnung ist in der heiligen Gemeinschaft.«
>»Keine Lehre ist vergleichbar (mit meinen Lehren).«

Die Schriftrollen werden in die Zeit von 50 vor Chr. bis zum Beginn der christlichen Ära datiert. Sie könnten aber Abschriften von älteren Texten sein. Die genaue Untersuchung der Hymnen und ihres Kontextes ergab, dass der Autor der Leiter der Essener gewesen sein dürfte, der zunächst insgeheim nur innerhalb der Sekte, nach dem Tod des Herodes offen sich als Messias erklärte und in einem der damals aufbrechenden, gegen die römische Herrschaft gerichteten Unruhen ums Leben kam. Während die rechtgläubigen Juden sich von ihm getrennt, ihn ausgestoßen hatten, glorifizierten ihn seine Anhänger und schufen die Legende, dass er nach drei Tagen auferstanden und in den Himmel aufgefahren sei.

Die Parallele zu Jesus, der etwa zur Zeit des Todes dieses Messias mit Namen Menachim geboren wurde, ist augenfällig, soll hier aber nicht Gegenstand der Überlegungen sein. Im Rahmen unseres Themas scheint es hingegen wichtig, dass die »Selbstverherrlichung« in Erfahrungen wurzelt, die der mystischen Erfahrung in allen Religionen und Kulturen gemeinsam sind, wenn sie auch oft Missverständnissen des Mystikers selbst und seiner Jünger ausgeliefert sind. So finden sich z. B. bei Plotin ähnliche Selbsterfahrungen, wonach ein Teil der Seele immer oben im göttlichen Bereich geblieben sei (Stein 1982, 299). Auf psychoanalytische Gedanken zu solcher »Spaltung« möchte ich hier nicht eingehen. Der Messianismus Menachims aber, zumal dessen Politisierung, dürfte ein Missverständnis im Grunde authentischer Erfahrungen sein. Jesus ist jedenfalls der Versuchung zur Politisierung nicht erlegen. Immer geht es in allen Religionen oder religionsähnlichen Philosophien darum, dass etwas aus dem »himmlischen«, göttlichen, idealen Bereich »herunterkommt« auf die irdische Ebene, um sich hier zu »realisieren«, seien es nun die vom Sinai heruntergebrachten Gebote, seien es heilige Schriften, sei es eine Messiasfigur oder ein Avatar. Allgemeiner können wir sagen, es geht um eine unverkürzte Integration der »supramentalen« Bereiche in die irdische Welt und ihre Geschichte.

Einen anderen Weg schlug die jüdische Mystik ein, um sich mit dem Unaussprechlichen zu verbinden, zu vereinen. Das »Eine« bei Plotin stand dabei Pate, und sein »ich bin ich bin« oder »ich ich« (Beierwaltes 2001, 110) als »Vergewisserung des eigenen ›wahren Selbst‹« und darin zugleich abstandsloser Einung mit dem »Einen selbst« (Beierwaltes 2001, 12 f).

»Im Hebräischen gibt es keinen Unterschied zwischen dem Maskulinum und dem Neutrum, und wenn vom Einen die Rede ist, so kann damit ebensowohl *der* Eine wie *das* Eine gemeint sein, und dasselbe gilt von ähnlichen Bestimmungen. Aber auch so bleibt die Neigung zum Neutralen bei den Redeweisen, die hier für das höchste Wesen gewählt werden, unverkennbar. Es ist ›das Verborgene‹, ›das sich verbergende Licht‹, ›das Mysterium der Verborgenheit‹, sether ha-ta-ál'uma, ›die ungeschiedene Einheit‹, das Wesen schlechthin, ›die Wurzel alle Wurzeln‹. Vor allem tritt aber in diesem Kreise die allmählich alle anderen Bezeichnungen verdrängende Neubildung *En-sof* auf (…). *En-sof* heißt wörtlich ›Kein Ende – endlos‹.« (Scholem 1970, 22)

En-sof wurde mit Ehje, Ich bin, identifiziert. Besonders im Theologumenon von der Schöpfung aus dem Nichts entzündete sich das noch in der mythischen Welt verankerte monistische Einheitsverständnis der Kabbalisten (Scholem 1970, 67). Das Nichts kommt im biblischen Schöpfungsbericht gar nicht vor (Scholem 1970, 60); und es ergibt sich für die Mystik, übrigens für die aller großen Religionen, der umdeutende Satz: »Das Nichts, das die Schöpfung bedingt, das ist er selbst«, das »Nichts des Überseins Gottes« (Scholem 1970, 68). Es ist das eine große monistische Linie der Tradition, die im christlichen Bereich seit Johannes Duns Scotus über Meister Eckhart, die Theologia deutsch und viele andere bis heute reicht, für die Scholem Parallelen in ismaelitischen Texten der islamischen Gnosis (Scholem 1970, 70f) und im Mahayana-Buddhismus (Scholem 1970, 78) sieht. Immer bleibt »ein Problem für den Monotheismus« (Scholem 1970, 84), das die Kabbalisten durch Zimzum, einen Rückzug Gottes aus einem Teil seiner selbst als der Schöpfung, zu lösen suchten.

Wiederum könnten wir unsere modernen Deutungsmuster zu Hilfe nehmen und deuten: Aus Gott entsteht durch Dekohärenz die faktische Welt.

Den Psychoanalytikern sind solche Deutungen fremd, obwohl Freuds letzte Lehre vom zur Einheit führenden Eros (Stein 1993), und überhaupt die unbewusste Wurzel der Psychoanalyse in der jüdischen Mystik (Stein 1990), diese nahe legen und die Psychoanalyse aus der Enge ihrer im 19. Jahrhundert begründeten Agnostizismen und Atheismen befreien könnten.

7. »Ehe Abraham ward, bin ich« (Joh. 8, 58)

Das Neue Testament und die Kirche stehen in der Nachfolge des jüdischen Gottesbegriffs. Gott ist das große dialogische Gegenüber. Es gibt eine Kluft zwischen Gott und Mensch, Gott und seinen Geschöpfen. Das blieb in der westlichen Welt so erhalten, auch dort, wo sie säkularisiert und ungläubig geworden, Gott in weite Ferne, ins Unbekannte gerückt ist.

Es gibt eine einzige Ausnahme, Jesus. Seine oder die ihm zugeschriebenen Selbstaussagen sprechen von einer Identität mit Gott dem Vater. »Ich und der Vater sind eins« (Joh. 14, 6). »Wer mich sieht, sieht den Vater« (Joh. 14, 7). »Ich bin der Weg, die Wahrheit und das Leben« (Joh. 14, 6). »Ehe Abraham ward, bin ich« (Joh. 8, 58).

Für den christlichen Glauben spricht Jesus als zweite Person des jetzt trinitarisch verstandenen Gottes. Jesus ist wahrer Gott und wahrer Mensch. Die Kluft, wenn auch vielleicht weniger groß, ja sogar in bestimmtem Sinn durch die Menschwerdung Gottes überwunden, liegt nun faktisch und essenziell aber doch zwischen Jesus und den anderen Menschen.

Für die Kirche kommen Aussagen, wie die oben aus dem Johannesevangelium zitierten, nur Jesus zu. Im Übrigen sind sie ins Unbewusste verbannt.

Die Idee, Jesu Selbstaussagen könnten aus einem auch anderen Menschen zugänglichen mystischen Bewusstsein kommen, schien und scheint völlig absurd. Folgerichtig ist das gnostische Thomasevangelium kirchlich nicht anerkannt. Darin heißt es in Abwandlung des entsprechenden Jesus-Logions aus dem Johannesevangelium (8, 58): »Selig, wer war, bevor er wurde« (Logion 19). Meines Erachtens richtiger sollte es heißen: Selig, wer *ist*, bevor er wurde, denn es ist ja, wie im entsprechenden Logion des Johannesevangeliums, die Überzeitlichkeit (die Zeit seit ihrem Beginn eingeschlossen) gemeint. Wichtig scheint mir, dass die zeitliche Präexistenz potenziell hier für jeden Menschen gilt.

Unabhängig vom kirchlichen Glauben kann man sich die Frage stellen, aus welcher, anscheinend auch vom jüdischen Glauben her gesehen, fremdartigen Tradition die Selbstaussagen sowohl des Johannes- als auch des Thomasevangeliums stammen. Es sollte bei dieser Frage aber nicht aus den Augen gelassen werden, dass es um innere Erfahrungen geht und nicht nur um durch Traditionen vermittelte Lehren. Soweit ich sehen kann, ist die vorchristliche Gnosis daraufhin nicht hinreichend und vorurteilslos untersucht bzw. bekannt. Ein messianischer »Vorläufer« Jesu (Knohl 2001) verschiebt nur diese Frage.

Stellen wir Jesu Erfahrungen, oder nennen wir sie sein Bewusstsein, sein Wissen, in den Kontext der indischen Atman-gleich-Brahman-Lehre und Erfahrung, so wäre Jesus in Indien mit seiner Erfahrung, seinem Bewusstsein nicht so allein gewesen. Er hätte viele Menschen gefunden, die sein Bewusstsein mit ihm geteilt hätten. Die

Dreifaltigkeitslehre wäre nie entstanden. Von Indien aus gesehen könnte man die wahre und sogar viel intimere Nachfolge Jesu also darin sehen, das Jesusbewusstsein in uns zu entdecken und zu entfalten, mit einigen wichtigen Variationen freilich, die die menschliche Einzigartigkeit relativieren. Die Kirche hat diesen Zugang zu Jesus verlegt, billigte das Jesusbewusstsein nur ihm zu, alles andere wäre Hybris, Ketzerei und geistige Krankheit gewesen. Und so sieht es auch heute die säkularisierte Welt. In Indien hingegen kursieren »Jesus-in-India stories« (Sharan 1990, 63), sodass »Christianity as a native Indian religion, not a Western import« (Sharan 1990, I) erscheinen kann, wobei Jesus nicht nur nach der überstandenen Kreuzigung, sondern vor seinem Auftreten unter den Juden in Israel in Indien gewesen sei und in Benares vom Mob beinahe gesteinigt worden wäre.

Einerseits hat der kirchlich Gläubige in der Rolle der kindlichen Abhängigkeit eine Möglichkeit, sich regressive Bedürfnisse zu erfüllen, die sonst vielleicht in einer individuellen Neurose ihren Ausdruck fänden. So sah es Freud. Es gab und gibt in der Kirche aber auch Tendenzen, die den Menschen als mündigen »Partner Gottes« (Michel 1946) verstanden wissen wollten und wollen, nicht immer mit Zustimmung der Amtskirche. Diese Position kann als weniger regressiv gelten als mystische »Verschmelzungen« mit Gott oder dem Göttlichen. Diese belässt man bei Jesus.

Dennoch hat es in der Kirche immer wieder Mystiker gegeben, die das Gefühl beschrieben, mehr Gott als Mensch zu sein. Sie taten das in der Regel so, dass es nicht als Ketzerei verfolgt werden konnte. Die Kirche betrachtete solche Erfahrungen als Privatoffenbarungen, die für die Allgemeinheit nicht verbindlich sein können. Und das mit einem bestimmten Recht. Es wird nämlich nicht genügend deutlich herausgearbeitet, dass ein Unterschied besteht zwischen dem Ich und dem wahren Selbst, eine Unterscheidung, die auch in der Psychoanalyse nicht immer klar getroffen wird, obwohl gerade die Psychoanalyse mit der philosophischen Weiterentwicklung des »wahren Selbst« im Sinne Winnicotts hier hilfreich sein könnte. Gefahren bestehen für die Gesellschaft durch die mögliche Anmaßung eines aufgeblähten Ichs, das Macht ausübt, und für den Einzelnen in psychopathologischen Entgleisungen. Aber es gibt innerhalb der Kirche die Möglichkeit, mit Paulus Christus als das wahre Selbst anzusehen: »Ich lebe aber, doch nun nicht ich, sondern Christus lebt in mir« (Gal. 2, 20). Oder Jesus mit Berufung auf Psalm 84, 6: »Steht nicht geschrieben in eurem Gesetz: ›ich habe gesagt, ihr seid Götter?‹« und: »die Schrift kann doch nicht gebrochen werden« (Joh. 10, 34 f). Das meint sicher keinen Polytheismus, sondern das Göttliche in jedem Menschen. Davon spricht auch das Gleichnis vom Schatz im Acker (Matth. 13, 44), das nicht gerade zu einem braven, gebots- und gesetzestreuen Kirchenchristen passt und deshalb von der Wissenschaft für ein authentisches Jesuswort gehalten wird. Das intime »Jesusbewusstsein« sieht und liebt in Jesus einen großen Freund (vgl. Joh. 15, 14) und älteren Bruder.

Unter den Mystikern, die sich am weitesten vorgewagt haben, ist an erster Stelle Meister Eckhart zu nennen. In seiner Predigt 35 (319) sagt er: »Und wenn denn seine (Gottes) Substanz, sein Sein und seine Natur mein sind, so bin ich der Sohn Gottes.« Es klingt dann pantheistisch: »Die Seele *ist* alle Dinge« (Predigt 22, 255). So wundert es nicht, dass Papst Johannes XXII 1329 die Thesen Eckharts als häretisch, irrtümlich und dem wahren Glauben feindlich verurteilt hat. Unter anderem sind das folgende Sätze: »Alles, was die Heilige Schrift über Christus sagt, das bewahrheitet sich völlig an jedem guten Menschen« (12, 451). »Der gute Mensch ist der eingeborene Sohn Gottes« (20, 452). Manche Sätze könnten in der Tat überleiten zu einem modernen Rationalismus: »Es ist etwas in der Seele, das unerschaffen und unerschaffbar ist; wenn die ganze Seele solcherart wäre, so wäre sie unerschaffen und unerschaffbar, und dies ist die Vernunft« (1, 454). Gegen Eckhart, der »in der großen Tradition platonisch-neuplatonischen Denkens stand, wie es von Platon und Plotin über Proklus, Pseudo-Dionysius, Scotus Eriugena, die Viktorianer bis zu Albertus Magnus und seinen Schülern Hugo Riplin und Ulricus Engelberti sich fort- und umbildend lebendig geblieben war« (Quint 1969, 14), wurde 1326 ein Inquisitionsverfahren eröffnet. Gegen jeden, so hieß es, der es wagen sollte, die inkriminierten Sätze hartnäckig zu verteidigen oder ihnen beizupflichten, sei als einen Häretiker oder als einen der Häresie Verdächtigen vorzugehen. Eckhardt erlebte die endgültige Verurteilung durch eine Bulle 1329 glücklicherweise nicht mehr.

Heute ist, zumal unter dem Gesichtspunkt des interkulturellen Dialogs, ein »zweifellos ursprünglich arabisch« (Schönberger in: Anonymus 2003, XVI) geschriebener Text des lateinischen Mittelalters zu nennen, der Liber de causis, dessen Autor unbekannt ist. Er hat neuplatonisches Denken vermittelt und gehörte zu den Quellentexten der spätmittelalterlichen Mystik, wurde von Meister Eckhart häufig zitiert, von Albertus Magnus und Thomas von Aquin kommentiert und gehörte als Basistext zur Pflichtlektüre der mittelalterlichen Artefakultät. Der Liber de causis übernahm den Gedanken des Proklos: »Alle Dinge sind in allen Dingen, jedoch in jeglichem gemäß dessen Wesensnatur.« (Schönberger in: Anonymus 2003, XV). Abweichend von Proklos identifiziert der Liber de causis den ersten Grund mit dem reinen Sein, das die Einheit selbst und »über jedem Namen ist« (Anonymus (2003, 45). Muslimisch klingt es, wenn es mit einer Segensformel heißt: »Der Herrscher ist deshalb Gott, der gepriesene und erhabene, weil er die Dinge mit Gutheiten erfüllt«. »Die erste Gutheit erfüllt also alle Welten mit Gutheiten; doch nimmt jede Welt von jener Gutheit nur nach der Weise ihrer Möglichkeit auf« (Anonymus 2003, 45). Das Wort Gott kommt sonst im Liber de causis nur selten vor. So mag er heutigen Lesern abstrakt erscheinen, aber auch in seinen Meditationen zu Einheit und Vielheit ein Faszinosum für unsere Zeit darstellen, die mit dieser Thematik auf vielen Eben neu konfrontiert ist.

In der Nachfolge Meister Eckharts schrieb drei Jahrhunderte später Johannes Scheffler, genannt Angelus Silesius, den »Cherubinischen Wandersmann«. Er überbot darin womöglich noch Meister Eckhart: »Ich bin so groß wie Gott, er ist als ich so klein; Er kann nicht über mich, ich unter ihm nicht sein« (I, 10). »Das selige Stillschweigen« vereint ihn völlig mit Gott: »Wie selig ist der Mensch, der weder will noch weiß, Der Gott, versteh mich recht, nicht gibet Lob und Preis« (I, 19). So geeint, weiß er: »Gott mag nicht ohne mich ein einzig Würmlein machen; Erhalt ich's nicht mit ihm, so muss es stracks zukrachen« (I, 96). So ist auch das Himmelreich inwendig in uns, ein Bibelwort, das ich in der Konkordanz vergeblich suchte: »Christ mein, wo läufst du hin? Der Himmel ist in dir; Was suchst du ihn dann erst bei eines anderen Tür?« (I, 298). Und wie eine Paraphrase auf das entsprechende Jesus-Logion: »Gott ist das, was er ist; ich bin das, was ich bin; Doch kennst du einen wohl, so kennst du mich und ihn.« (I, 212). Nach dem Überschwang solcher Verse gab es im Leben des Angelus Silesius einen großen Bruch. Doctor philosophiae et medicinae, Hofmedicus und später katholischer Priester, konnte er wohl die Anfeindungen nicht ertragen. Er geriet in eine schwere Depression und flüchtete in den Schoß der Kirche, als ein bußfertiges Kind Gottes. Nicht genug damit. In einem kaum verständlichen Verfall seiner geistigen Kräfte predigte er die Verpflichtung zu jeder Art von Gewalt gegen die ihrer Bekehrung widerstrebenden Ketzer. Es ist sogar bezweifelt worden, ob der Dichter des »Cherubinischen Wandersmanns« und der spätere finstere Eiferer ein und dieselbe Person gewesen seien. Und rückblickend könnten wir uns fragen, ob der späteren Depression früher eine manische Phase entsprach. Unbestritten bleibt der dichterische Rang des »Wandersmanns« und seine Zugehörigkeit zu einer großen mystischen Tradition.

Der Schluss liegt nahe, dass nicht ohne Recht vor dem Sonderweg von Mystikern gewarnt wird. Ihre Lehren sind ohnehin für die allgemeine Seelsorge wenig brauchbar, nützen wenigen. Die philosophische Radikalisierung würde z.B. psychotherapeutischen Patienten neue Konflikte mit ihrer Umwelt einbringen, denen sie nicht gewachsen sind. »Es gibt kein richtiges Leben im falschen«, so Adornos berühmter Satz (1962, 42), in einen etwas anderen Kontext gestellt. Vielleicht ist hier auch an den Papyrus von Derveni zu erinnern, der z.T. aus dem 5., eher 6. Jahrhundert v. Chr. stammt, eine Theogonie des Orpheus enthält (Burkert 2003, 96 f) und daraus an einen »seit je bekannten, berühmten Vers, auf den auch Platon anspielt: ›Singen will ich für die, die es verstehen; schließt die Türen, ihr Uneingeweihten‹« (Burkert 2003, 97).

Ähnlich schreibt Nikolaus von Kues: »Der Grund aber, warum sowohl Platon in seinen Briefen, als auch der große Dionysios es verboten, solche Geheimnisse denjenigen, welchen geistige Erhebung unbekannt ist, mitzuteilen, war der, dass diese nichts lächerlicher finden als solche erhabenen Dinge« (1967, III, 3). Und es gibt subtilere Weisen, solches abzuwerten. Dennoch sind bei dem allgemeinen Zerfall kirchlichen Glaubens m.E. diese Wege für fragende Menschen offen zu halten. Hermann Hesse schrieb: »Der Cherubinische Wandersmann des Angelus Silesius gehört zu den sublimsten Blüten deutscher Frömmigkeit und Dichtung.« Zumal für das ökumenische Gespräch ist die Brücke zur islamischen und östlichen Mystik zu beachten. Der Verehrung Jesu im Rahmen nicht-christlicher Religionen und Kulturkreise ist damit kein Abbruch getan, vielmehr öffnet sich eine Verstehensmöglichkeit. Nicht zuletzt gliedern sich die Erkenntnisse der Mystiker in ein modernes, die Einheit tiefer begreifendes Weltbild ein, jenseits von gefährlichen Fundamentalismen. Das wahre Selbst ist dann das letztlich Heilende.

Es wundert nicht, dass es ein indischer Physiker ist, Amit Goswami (2002), der seine Wissenschaft und letztlich das Sein als Ganzes in einem »monistischen Idealismus« begründet erkennt.

Diese monistische Traditionslinie wird fortgesetzt durch Willigis Jäger, Benediktinerpater und Zen-Meister (2000; 2003; 2004). Jäger schließt die modernen Naturwissenschaften und die historisch-kritische Theologie in das Weltbild ein und vermag, spirituelle Impulse zu vermitteln wie sonst wenige. Das hat ihm aber auch unvermeidlich ein Rede- und Publikationsverbot durch die römische Glaubenskongregation und den erzwungenen Verzicht auf seine priesterlichen Fakultäten eingebracht. Glücklicherweise gehorcht er, was das Rede- und Publikationsverbot anlangt, dem Verbot nicht. Er folgt unbeirrt seinem inneren Weg. Das vermag viele zu überzeugen, auch jeweils ihren Weg zu sich selbst zu suchen und zu finden. Seine Gedanken zum 21. Jahrhundert schließt er mit einem viel zitierten Wort des großen Theologen Karl Rahner:

> »Der Fromme von morgen wird ein Mystiker sein, einer, der etwas ›erfahren‹ hat, oder er wird nicht mehr sein, weil die Frömmigkeit von morgen nicht mehr durch die (…) einstimmige, selbstverständliche öffentliche Überzeugung und religiöse Sitte aller mitgetragen wird, die bisher übliche religiöse Erziehung also nur noch eine sehr sekundäre Dressur (…) sein kann.«

Rahner fügte »noch etwas sehr Ernüchterndes hinzu. Wenn er in seiner eigenen religiösen Gemeinschaft sprach, pflegte er zu betonen, dass die Christenheit, sofern sie nicht mystisch geprägt ist, keine Überlebenschancen hat und ausstirbt« (Jäger 2004, 148).

8. Ana'l-Haqq – Mystik im Islam

Mehr denn je müssen wir das Gespräch mit dem Islam suchen, mit gesprächsbereiten und -fähigen Muslimen. Nur so, letztlich nicht durch Kriege und gewaltsame Terroristenbekämpfung, nicht einmal durch politische Anstrengungen wird es Frieden geben können. Vielleicht erscheint das noch unrealistisch, wenn so genannte Gottesstaaten entstehen, die uns die »Krankheit des Islam« (Meddeb 2002), den Fundamentalismus (Tibi 2000), in einem Zusammenstoß der Religionen und Kulturen, gerüstet mit atomarer Gewalt, aufzwingen wollen.

Das dennoch notwendige Gespräch wird auf zwei Ebenen zu führen sein, einerseits zwischen den offiziellen Vertretern der großen Religionsgruppen, andererseits, kaum mit Macht ausgestattet, zwischen Vertretern der hier besprochenen Traditionslinien. Letztere werden überall nur wenige sein, aber sie sind das Herzstück möglicher Toleranz.

Zunächst ist auf den Koran Bezug zu nehmen. Darin heißt es in Sure 5, 44–48:

> »Wir haben (seinerzeit den Kindern Israels) die Thora herabgesandt, die (in sich) Rechtleitung und Licht enthält, damit die Propheten, die sich (Gott) ergeben haben, für diejenigen, die dem Judentum angehören, danach entscheiden, und (damit) die Rabbiner und Gelehrten nach der Schrift Gottes entscheiden, soweit sie ihrer Obhut anvertraut worden ist (oder: und die Rabbiner und Gelehrten (ebenso. Sie alle sollten entscheiden) nach der Schrift Gottes, soweit sie ihrer Obhut anvertraut worden ist). Sie waren (ja) Zeugen darüber (oder: und worüber sie Zeugen waren). Ihr sollt nicht die Menschen fürchten, sondern mich. Und verschachert meine Zeichen nicht! Diejenigen, die nicht nach dem entscheiden, was Gott (in der Schrift) herabgesandt hat, sind die (wahren) Ungläubigen. Wir haben ihnen darin (d.h. in der Thora) vorgeschrieben: Leben um Leben, Auge um Auge, Nase um Nase, Ohr um Ohr, Zahn um Zahn, und Verwundungen (ebenso. In allen Fällen ist) Wiedervergeltung (vorgeschrieben). Wenn aber einer Almosen damit gibt (indem er auf die Ausübung der Wiedervergeltung verzichtet), dann sei ihm das eine Sühne (für Vergehen, die er sich hat zuschulden kommen lassen)! Diejenigen, die nicht nach dem entscheiden, was Gott (in der Schrift) herabgesandt hat, sind die (wahren) Frevler.
> Und wir ließen hinter ihnen (d.h. den Gottesmännern der Kinder Israels) her Jesus, den Sohn der Maria, folgen, dass er bestätige, was von der Thora vor ihm da war (oder: was vor ihm da war, nämlich die Thora (?)). Und wir gaben ihm das Evangelium, das (in sich) Rechtleitung und Licht enthält, damit es bestätige, was von der Thora vor ihm da war (oder: was vor ihm da war, nämlich die Thora?), und als Rechtleitung und Ermahnung

für die Gottesfürchtigen. Die Leute des Evangeliums (d. h. die christlichen Schriftgelehrten?) sollen (nun) nach dem entscheiden, was Gott (als Offenbarungsschrift) darin herabgesandt hat. Diejenigen, die nicht danach entscheiden, sind die (wahren) Frevler.

Und wir haben (schließlich) die Schrift (d. h. den Koran) mit der Wahrheit zu dir herabgesandt, damit sie bestätige, was von der Schrift vor ihr da war, und darüber Gewissheit gebe. Entscheide nun zwischen ihnen (d. h. den Juden und Christen?) nach dem, was Gott (dir) herabgesandt hat, und folge nicht (in Abweichung) von dem, was von der Wahrheit zu dir gekommen ist, ihren (persönlichen) Neigungen! – Für jeden von euch (die ihr verschiedenen Bekenntnissen angehört) haben wir ein (eigenes) Brauchtum (?) und einen eigenen Weg bestimmt. *Und wenn Gott gewollt hätte, hätte er euch zu einer einzigen Gemeinschaft gemacht. Aber er (teilte euch in verschiedene Gemeinschaften und) wollte euch (so) in dem, was er euch (d. h. jeder Gruppe von euch) (von der Offenbarung) gegeben hat, auf die Probe stellen. Wetteifert nun nach den guten Dingen! Zu Gott werdet ihr (dereinst) allesamt zurückkehren. Und dann wird er euch Kunde geben über dass, worüber ihr (im Diesseits) uneins waret.«* (kursiv von mir, St.)

Das ruft zu Toleranz auf, zu Toleranz allerdings zwischen den mehr oder weniger fundamentalistischen Großreligionen. Auch im Islam sind es mehr die Mystiker und Philosophen, also Einzelne, als die »Rechtgläubigen«, die zu einem tiefer reichenden Gespräch in der Lage sein könnten. Es gibt daneben Gruppen, die sich auf die großen mystischen Traditionen berufen und von sich glauben, der eigentliche, wahre Islam zu sein, wie die türkischen Aleviten. Sie haben keine Scharia, halten den Koran für verfälscht, da seiner demokratischen Elemente beraubt, beten nicht in der Moschee, sondern auf volkstümlichen Festen, mit Musik, Gesang und einem Rundtanz mit Männern und Frauen; dabei findet, wenn nötig, auch die Gerichtsbarkeit statt, wobei Missetäter schlimmstenfalls für einige Zeit aus der Gemeinschaft ausgeschlossen werden. Es gibt bei den Aleviten auch die traditionelle Vorstellung vom Kutub, dem unbekannten Heiligen, der die Achse der Welt ist. Die ihm Nahestehenden gleichen dann den Zirkumpolarsternen. Ein alter Alevit sagte beim nächtlichen Gespräch rund um den Samowar: »Jeder ist der Kutub«.

Hinzuzufügen ist, dass es, analog zur historisch-kritischen Theologie im Christentum, erste Ansätze einer historisch-kritischen Hinterfragung des Koran gibt. Hinter dem arabischen Text wird eine syro-aramäische Schicht freigelegt, die viele Textunklarheiten beseitigt. Spektakulär ist dabei z. B., dass die Huris des Paradieses, auf die sich die Selbstmordattentäter freuen, gar keine Paradiesjungfrauen sind, sondern weiße, kristallklare Weintrauben, unter denen die Bewohner des Paradieses es sich behaglich machen können (Luxenberg 2000, 226). Allgemein wird durch solche Forschung der fundamentalistische Glaube, der »ungeschaffene« Koran sei original in arabischer Sprache in Verbalinspiration, vom Erzengel Gabriel diktiert, vom

Himmel herabgekommen, aufgelöst. Luxenberg wählte für sein Buch ein Pseudonym als Autor, um Verfolgungen zu entgehen, und die großen Verlage scheuten aus dem gleichen Grund die Publikation. Inzwischen haben sich Fachkongresse und die großen Zeitungen mit dem Buch beschäftigt, dann aber wurde es still um diese Fackel der Aufklärung.

Es ist wichtig hervorzuheben, dass solche Forschungsergebnisse die zentrale islamische Frömmigkeit nicht berühren, im Gegenteil, sie reinigen sie von gefährlichen Fundamentalismen und Fanatismen.

Es ist hier also der Ort, nach dem – wissenschaftlich gesehen – grundsätzlichen Sturz der Fundamentalismen in den großen Religionen, einige Linien für die Zukunft zu ziehen. Wie im Christentum werden die wissenschaftlichen Aufklärungen das religiöse Bewusstsein des Volkes kaum in absehbarer Zeit erreichen. Die wissenschaftliche Sicht ist nur wenigen zugänglich, die Gegenkräfte sind stark. Es muss auch die Frage gestellt werden, ob es nicht gut und besser ist, dass die herkömmliche Religiosität erhalten bleibt, besser als ein Zusammenbruch jeder spirituellen Orientierung, der ja die westliche Welt mehr und mehr prägt. Dass das verhängnisvolle Folgen hat, wird dunkel gespürt und führt zu einer rückwärtsläufigen Tendenz zu den Fundamentalismen. Aber die Zeit der ursprünglichen Missionierung ist, jedenfalls wiederum im Prinzip, im Christentum vorbei. Besonders die katholische Mission bemüht sich z. T., kulturelles Erbe zu bewahren. Ich denke an das Beispiel der Asmat in Neuguinea. Kopfjägerschaft und Anthropophagie mussten überwunden werden, um die Stammeskultur in die heutige Weltgemeinschaft einzugliedern, manches konnte in Kampfspiele u. Ä umgewandelt werden. Ein Museum der Asmatkultur wurde vor Ort gegründet. Ethnologen berichten, dass solches nur in den katholisch missionierten Dörfern der Fall sei. In evangelisch missionierte Orte brauche man als Anthropologe gar nicht erst zu gehen, dort sei alles Erbe respektlos beseitigt. Andererseits ist die katholische Kirche in ihrem Kern ein Hort des Fundamentalismus. Die nicht überwundenen christlichen Fundamentalismen sind ein Hemmschuh für den welt-ökumenischen Dialog.

Der Islam bringt einen großen Reichtum an religiösen Formen und philosophischer Verarbeitung in die Weltgemeinschaft ein, die im Fundamentalismus weitgehend vergessen und untergegangen sind. Es ist nicht die Aufgabe dieser Arbeit, die »Krankheit des Islam« (Meddeb 2002) zu analysieren, sondern auf diesen Reichtum, wie ihn insbesondere Annemarie Schimmel bezüglich der »Mystischen Dimensionen des Islam« (1985) ausgebreitet hat, wenigstens hinzuweisen.

Hervorzuheben ist der wohl größte Mystiker des Islam, Al Halladsch, 922 grausam hingerichtet, dessen berühmter Ausspruch »Ana 'l-Haqq« Titel dieses Kapitels ist. Daneben seien die Mystiker Dschunaid (gest. 910) und Bayezid Bistami (gest. 874) genannt, sodann der große Systematiker unter den Mystikern Ibn Arabi (gest. 1240). Auch der Sufi-Mogulherrscher Akbar und die Öffnung des Islam für die umliegenden Kulturen, das interreligiöse Gespräch, sollen nicht übergangen werden.

Al Halladsch wurde unter dem Verdacht hingerichtet, mit ausländischen Mächten zu konspirieren, weil er viele Briefe in fremden Sprachen erhielt – als Folge seiner Reisen. Möglicherweise noch ausschlaggebender war, dass er anstelle der Mekka-pilgerschaft die Speisung von Waisenkindern empfahl. Selbst Dschunaid soll ihm ein schlimmes Ende prophezeit haben. Sein Ausspruch »Ana 'l-Haqq«, »Ich bin die absolute Wahrheit«, war ein Schlag ins Gesicht der Orthodoxie. Dennoch bejahte er die Haltung der »Rechtgläubigen«, es sei ein Verdienst vor Gott, dass sie ihn um-brächten, da ihr Glaube das fordere. Er selbst fühlte sich, obwohl ganz und gar Muslim und dem Koran verpflichtet, »in der Religion des Kreuzes«. Auf Grund seines Ausspruches »Ana 'l-Haqq«, der an Jesu Selbstaussagen erinnert, hat man für ihn christliche Einflüsse vermutet, aber die Authentizität der Selbstaussage Al Halladschs ist nicht in Frage zu stellen. Und so darf man sich fragen, ob er nicht ein viel intimeres Verständnis Jesu hatte, als die Christen, die die zentrale Erfahrung Jesu bei ihm beließen und trinitarisch dogmatisierten. Al Halladsch hätte sich mit Meister Eckhart gut verständigen können, besser als beide mit ihren jeweiligen Glaubensgenossen. Weiter wurde vermutet, Al Halladsch habe auf seinen Reisen Yogis kennen gelernt, er sei dorthin gereist, um den indischen Seiltrick zu erlernen, er sei beobachtet worden, wie er yogaähnlich auf dem Kopf stehend gebetet habe; jedenfalls weisen seine Worte eine Ähnlichkeit mit der hinduistischen Atman = Brahman-Lehre auf. Dies scheint unbestreitbar, und hier entgegen Annemarie Schimmel, die einen Gegensatz konstruieren will; der indische Atman sei eine Ver-größerung des Ichs bis in kosmische Dimensionen, Al Halladschs Identitätserfah-rung mit dem Göttlichen hingegen ein »Entwerden« des Ichs. Aber auch im indi-schen Bereich ist eine »Vergrößerung des Ich« eine Fehlentwicklung, besonders sichtbar möglicherweise bei westlichen Pseudogurus. Tatsächlich wird in Indien das Loslassen des Ichs zugunsten des wahren Selbst gelehrt, wobei einem Psychoanaly-tiker die zunächst notwendige Ichentwicklung, die Erziehung zur Selbstverant-wortlichkeit unterbelichtet erscheinen kann. Auch die Abgrenzung der Erfahrung Al Halladschs gegenüber der pharaonischen »Selbstvergottung« folgt mehr einer schon im Jüdischen vorgegebenen Abwertung des Alten Ägypten als einer Kennt-nis Ägyptens, wie sie vielleicht erst heute möglich ist. Man kann und muss heute den Pharaonen Gerechtigkeit, Ma'at, (vgl. Assmann 1990) zukommen lassen.

Die Erfahrung des Göttlichen in der eigenen Identität ist den großen islamischen Mystikern gemeinsam, wenn sie auch darin wetteiferten. Bayezid Bistami hatte in Ekstase ausgerufen: »Preis sei Mir, wie groß ist Meine Majestät.« Dschunaid stellte die zweite Nüchternheit über den ekstatischen Überschwang. Der Wassertopf ist laut, bevor er kocht. Bayezid habe nicht die höchste Stufe erreicht. Al Halladsch sprach vom »armen Bayezid«, der nur die Schwelle des Göttlichen erreicht habe. Überhaupt, so meinte Dschunaid, solle der Sufi Zurückhaltung üben und nicht, wie Halladsch, über das Geheimnis von Liebe und Einigung sprechen. Der Mystiker solle den Zustand erreichen, »da er ist, wie er war, bevor er war«, als Gott alleine war. Nur so könne der Mensch vollkommenes Tauhid verwirklichen, d.h. bezeugen, dass Gott Einer ist von Ewigkeit zu Ewigkeit. Im Grunde, so formulierte ein Zeitgenosse Al Halladschs, habe nur Gott allein das Recht, »Ich« zu sagen. Deshalb könne der Mensch auch das Glaubensbekenntnis: »Ich bezeuge, dass es keine Gottheit außer Gott gibt«, nicht selbst aussprechen. Der Mensch werde so zum Nebengott.

Der große Systematiker des Sufismus ist Ibn Arabi. Dessen System wird im Allgemeinen mit dem Ausdruck »wahdat al-wujud«, »Einheit des Seins«, bezeichnet. Es ist schwierig, wujud richtig zu übersetzen. Das Arabische hat kein Verb, um »Sein« auszudrücken. Der Ausdruck heißt im Grunde »finden«, »gefunden werden« und wird manchmal mit »Schau« wiedergegeben (Schimmel 1985, 379). Auch Ibn Arabi beschreibt, dass die Einheit Gottes identisch mit der Liebe ist, und: »Wenn mein Geliebter erscheint, mit welchen Augen sehe ich Ihn? Mit Seinem Auge, nicht mit meinem; denn niemand sieht Ihn als Er selbst« (Schimmel 1985, 378). Gott ist für uns notwendig, damit wir existieren können, aber auch wir sind notwendig für Gott, damit er sich für sich selbst manifestiert. Das erinnert Annemarie Schimmel (1985, 378) an einen der berühmtesten Verse des Angelus Silesius. In seinem »Cherubinischen Wandersmann« heißt es: »Ich weiß, dass ohne mich Gott nicht ein Nu kann leben; Werd ich zunicht, er muss von Not den Geist aufgeben« (I, 8, 8). Ibn Arabi schreibt: »Ich gebe Ihm auch Leben, indem ich Ihn in meinem Herzen kenne«. Solche Sätze sind leicht misszuverstehen, indem man ihnen z. B. ein atheistisches Vorzeichen gibt. Schimmel bemüht sich zu zeigen, dass die Mystiker trotz ihrer Betonung der Einheit in ihrem Erleben den Unterschied zwischen Gott und seinen Geschöpfen nicht leugnen, d. h. wahre (gemeint ist wohl dualistisch denkende) Muslime sind, auch wenn gerade bei Ibn Arabi neuplatonische und gnostische Elemente herauszuheben sind.

Solches gilt auch für den hier nicht zuletzt zu nennenden Sufi Moghulherrscher Akbar (1556–1605), der eine mystische Bewegung einleitete, die auf eine Zusammenführung islamischen, hinduistischen, aber auch christlichen Denkens hinzielte. Der Palast in Fatepur Sikri ist in der Architektur eines Raumes, der möglicherweise der Ort interreligiöser Gespräche gewesen sein könnte, ein Symbol für Akbars Vorstellungen. In der Mitte steht eine einzelne Säule mit weit ausladendem, geschmücktem Kapitel, auf dem der Kaiser saß. Von dort führen Balustraden als Gänge zu den vier Ecken des Raumes und weiter rings um den Raum. Darauf könnten die Gesprächsteilnehmer Platz genommen haben. Unten war Raum für weitere Zuhörer. Die Zentrierung auf den Herrscher weist uns Heutige auch auf die Gefahr hin, der ein herrscherliches Ich in seiner sufischen Identifikation mit der Axis mundi erliegen kann. Der Urenkel Akbars, Dara Shikoh (1615–1659), setzte dessen Werk fort, u. a. mit einer Übersetzung der Upanischaden ins Persische. Für ihn waren die Upanischaden jenes Werk, auf das sich der Koran (Sure 56/78) bezieht, als er dort von einem »verborgenen Buch« spricht. Damit sind die Upanischaden einbezogen in die heiligen Schriften auch für die Muslime.

Solche Perspektiven mögen heute als abseitig empfunden, wenn nicht gar als solipsistisch interpretiert werden. Eine gegenteilige Tendenz kann Hoffnung für einen demokratisch geordneten Weltfrieden begründen: »nur die Schaffung und Verbreiterung pluralistischer Strukturen durch die Muslime selbst kann eines Tages zum Erfolg führen« (Lerch 2004, 130). Der Koran fordert an einer berühmten Stelle, dass die Muslime »sich beraten sollen« (Lerch 2004, 131). Manches – zu Unrecht – erstarrte Traditionsgut könnte dabei verflüssigt werden. Das Thema von Einheit und Vielheit könnte neue Formulierungen finden. Und es gilt immer noch: »Unter den Philosophen der islamischen Glanzzeit ist mancher Schatz zu heben, nicht nur in der Erkenntnistheorie, Ontologie und Metaphysik, sondern auch in der Ethik und in den Lehren von der Politik« (Lerch 2004, 133). Dann werden die modernen »hermeneutischen Bemühungen, die sich zum Teil sogar auf tausend Jahre alte Vorbilder, wie den Theologen und Philosophen Abu Hamid Muhammad al Ghazali (gest. 1111), stützen können oder auch das Erbe der ›islamischen‹ Philosophie und Mystik heranziehen (…) auf Dauer ihre Wirkung entfalten« (Lerch 2004, 132). Es gilt, *innerlich* an die große Zeit des Islam anzuknüpfen, nicht etwa, al Andaluz zurückzuerobern (vgl. Thamm 2004, 138) etc. Letzteres wäre ein Rückfall auf die Stufe kulturfeindlicher, Taliban-ähnlicher Krieger, die es schon in der Zeit der Eroberung Spaniens gab. Die muslimische Welt könnte mit einer friedlichen Anbindung auf der Höhe unserer Zeit narzisstische Defizite ausgleichen und mit anderen Kulturen und Religionen sich wieder an die Spitze der kulturellen Evolution setzen. Kenner und Beobachter der religiös-politischen Szene des Islam mögen eine solche Perspektive als Wunschdenken ohne Stütze in der absehbaren Realität einstufen. Al-Tawhid, die Einheit Gottes (Thamm 2004, 112), so der Name einer terroristischen Gruppe, ist das Gegenteil der islamisch-mystischen Einheitserfahrung.

9. Empedokles und die Pythagoreische Schule

In dem großen Tempelgelände von Selinunt wird ein kleiner Tempel (Tempel B) gezeigt, der »Tempel des Empedokles« heißt. Die Zuschreibung, die vom Sizilien-reisenden Hittorf stammt, ist nicht sicher.

Fest steht, dass die Selinunter den berühmten Arzt, Naturphilosophen und Propheten aus Agrigent zu Hilfe riefen mit der Bitte, sie von der Malaria zu befreien. Empedokles erwies sich als kluger Naturwissenschaftler und Techniker, indem er die sumpfigen Niederungen trockenlegte und so die Malaria besiegte. Die Selinunter hatten und haben bis heute Grund zur Dankbarkeit. Vielleicht errichteten sie deshalb den Tempel.

Empedokles war ein Pythagoreer, und die Schule des Pythagoras (geb. um 600 v. Chr.) begründete die exakten Wissenschaften, einen Grundpfeiler der abendländisch-europäischen Kultur. Mathematik, Geometrie, Harmonielehre, Arithmetik, Astronomie und Erkenntnislehre setzten sich u.a. über Platon fort. Aristoteles betrachtete die Pythagoreer als Vorläufer der Ideenlehre Platons und sagt, Platon habe im Grund nur den Namen geändert. Vor allem in den Naturwissenschaften bis hin zur heutigen Quantenphysik macht sich Pythagoreisches Erbe bemerkbar.

Der naturwissenschaftlich-technische Aspekt ist für das moderne Leben so sehr herrschend geworden, dass Heidegger darin eine größere Gefahr für das Menschenwesen sah, als in dem einen Produkt moderner Technik, der Atombombe.

Dass für Empedokles ein Tempel errichtet wurde, mag noch einen anderen Grund haben, der übersehen wird, wenn man nur den wissenschaftlich-technischen Fortschritt im Auge hat. Empedokles erklärte sich selbst für unsterblich: »Ich aber wandle euch daher als ein unsterblicher Gott, nicht mehr als Sterblicher, unter allen geehrt, so wie es sich geziemt, mit Tänien umflochten und mit grünenden Kränzen. Wenn ich zu ihnen komme in die prangenden Städte, zu den Männern und Frauen, so werde ich von ihnen verehrt. Sie aber ziehen mit, Tausende, um zu erkunden, wo zum Heil der Pfad führe« (Diels, Fragmente, Empedokles 31 B 112, aus den »Reinigungen«, zit. nach van der Waerden 1979, 29f). Wir können uns die Selinunter unter den »Tausenden« vorstellen. Dennoch erscheinen solche Formulierungen befremdlich, und dass Empedokles sich an seinem Ende in den Ätna gestürzt haben soll, stellt ihn in ein fragwürdiges Licht.

Unsterblichkeit ist aber der gemeinsame Glaube der Pythogareer. Nicht nur von Glaube ist hier die Rede, sondern in den berühmten neupythagoreischen »Goldenen Versen«, die Goethe schätzte, »wird man zu *Gnosis* geführt, zum *Erkennen* des Bandes, das die unsterblichen Götter mit den Sterblichen verbindet. Die Verse 50, 52 und 54 fangen jedes Mal mit dem stark betonten Wort *Gnosei*, ›Du wirst erkennen‹, an« (van der Waerden 1979, 156). Die Verse 63–66 und 70–71 »bilden den Höhepunkt des Gedichtes. Sie enthalten die frohe Botschaft, dass die Sterblichen von göttlichem Geschlecht sind, dass die Seele aus ihrem Leiden erlöst werden kann und dass sie zum reinen Äther aufsteigen wird« (van der Waerden 1979, 157). Diese Gedanken sind alt und vielfach bezeugt. »Die Schlussworte des Gedichtes ›ein unsterblicher Gott, nicht mehr sterblich‹ sind ein wörtliches Zitat aus Empedokles 31 B 112 Diels, Fragmente der Vorsokratiker« (van der Waerden 1979, 157).

Die Griechen, wie wir es dann von Sokrates kennen, nannten den unsterblichen Teil der Seele mit den Altpythagoreern »Daimon«. Dieser »Gott in uns« ist allerdings bei Empedokles dazu verurteilt, umherzuirren und sich mit allen möglichen sterblichen Körpern zu vereinen. Die Wiedergeburtslehre hatte den Abscheu vor dem Verzehr von Fleisch zur Folge. Woher hatte Pythagoras solche Lehren? Es gibt Legenden, wonach Reisen ihn nach Phönizien, Ägypten und Babylon geführt hätten. Herodot meinte, Pythagoras habe die Wiedergeburtslehre von Ägypten übernommen. Die Ägyptologen lehnen diese Theorie Herodots ab. Die Seelenwanderungslehre sei der ägyptischen Religion völlig fremd. Van der Waerden schreibt dazu:

> »Das mag wohl stimmen, wenn man sich an die offizielle ägyptische Religion hält, wie man sie aus Grabtexten und Totenbüchern kennt; aber muss denn die ägyptische Religion zur Zeit des Herodot (um 450) völlig übereinstimmen mit der offiziellen Religion? Könnte es nicht in Ägypten zur Zeit des Pythagoras verschiedene religiöse Strömungen gegeben haben, ebenso wie es in Hellas die Orphik und den Pythagoreismus (…) gab? Wir wissen es nicht und können daher nicht sagen, dass Herodot sich geirrt hat.« (1979, 28)

Die Übereinstimmung mit der indischen Reinkarnationslehre scheint wohl geographisch zu weit hergeholt, um sie zu diskutieren. Aber muss eine solche Lehre geographisch irgendwo hergeleitet werden? Das Sphinxrätsel für Ödipus ist sicher wie die Sphinx ägyptischen Ursprungs, und spricht es nicht von der zyklischen Wiedergeburt des Sonnengottes und – das ist die von den Griechen vergessene Bedeutung – des Helden, der sich in Identität mit ihm weiß? Wenn es immer wieder heißt: »Du wirst erkennen«, dann wird als Voraussetzung ein rechtes Leben beschrieben und an dessen Ende: »wirst du unsterblich sein: *ein unsterblicher Gott, nicht mehr sterblich* (van der Waerden 1979, 152). Und wenn dieser Gott sich in die Vielfalt der Schöpfung entfaltet, führt das mit einiger Konsequenz dazu, dass er auch diese Pflanze, dieses Tier wird, eben dieses Tier als Gott. So haben alle Wesen eine gemeinsame Wurzel, sie sind auf der Ebene der Vielheit »Brüder und Schwestern«, wie der heilige Franz es sah, oder sie sind, auf dem Hintergrund der Einheit erlebt, mit mir identisch, *tat twam asi* im Sinne der Inder. Dies verbindet sich dann mit den Gedanken von Schuld und Sühne, notwendiger Bestrafung oder Läuterung: Es ist ja nicht durchgängig angenehm, ein so abhängiges Geschöpf zu sein. Am Ende steht jedenfalls die »Himmelsreise der Seele«, die auch indischen Mythen entspricht (van der Waerden 1979, 131). Sie kann schon zu Lebzeiten geschehen. Von Pythagoras heißt es, er habe die Sphärenmusik, »die Quelle und Wurzel der Natur« (van der

Waerden 1979, 294) hören können, vielleicht ein Vorgriff auf Platons Schau der Ideen. Und die »Sphärenmusik« reicht bis zu Charakterisierung des »wahren Selbst« beim Psychoanalytiker Winnicott (1965, 253).

Der Tempel des Empedokles steht in unserem Text für eine vergessene Seite im griechischen Erbe.

luristanische Bronzen (Abb. 5)

10. Atman = Brahman

Aus den Bergen Luristans im Westen des Iran stammen seit etwa einhundert Jahren berühmt gewordene Bronzen meist aus dem 8./7. Jahrhundert vor Christus, deren Symbolik der Fachwelt rätselhaft geblieben ist (Abb. 5). Schriftliche Dokumente aus dieser Zeit gibt es darüber nicht. Es wird angenommen, dass sie sich von Gilgamesch, dem traditionellen Helden der mesopotamischen Kunst, der in Griechenland archetypisch von Herakles vertreten wird, herleiten. In Luristan veränderte diese Gestalt sich vollständig, und man könnte »glauben, die Kunst um ihrer selbst willen – l'art pour l'art – sei in Luristan entstanden. Wir wissen jedoch, dass Kunst um ihrer selbst willen in den alten Kulturen niemals existiert hat« (Godard, 1964, 26). Unter anderem werden aus den kräftigen Armen, mit denen der »Herr der Tiere« z. B. Herakles den Nemeischen Löwen, oder hier als »Beschützer der Herden« zwei Tiere packt, fadendünne Ärmchen. Der Held wird zu einem röhrenförmigen Gebilde mit zwei oder drei übereinander angeordneten, janusartig nach vorn und hinten blickenden Gesichtern. Es wird auch von Masken gesprochen (Zahlhaas 2002). Die griechischen Dionysos-Maskenpfeiler mit zwei gegenständigen Masken gehen wahrscheinlich auf die ägyptischen Hathorsäulen, wie sie sich besonders auch auf Zypern finden, zurück. Eine geographische Verbindung zu den Luristanbronzen ist weit hergeholt, obwohl es bronzezeitliche Verbindungen zwischen Mesopotamien und der griechischen Antike gab (Burkert 2003). Ein solche lurianische Bronze wurde »sogar ins Heraion von Samos geweiht« (Bignasca et al. 2002. Abb. 5, 22 f). Wir könnten aber dafür freudianische oder eher noch jungianische Deutungen bemühen. Dem Psychoanalytiker seien »freie Assoziationen« verziehen. Eine der dargestellten Figuren, die mit den vier Armen, soll aus Herat stammen, das auf halbem Weg zwischen Luristan und Indien liegt. Mag das auch wenig überzeugend sein, zumal die Verbreitungsrichtung sonst von Ost nach West verläuft, es verlockt doch dazu, die rätselhafte Konfiguration von Indien, Nepal und Tibet aus zu betrachten, zumal über das Kabultal mit dem Khaiber-Pass und über den Bolan-Pass seit früher Zeit Verbindungen zum Industal bestanden. In Mesopotamien fanden sich Siegelbilder aus der Induskultur. Mehrarmigkeit, Mehrgesichtigkeit haben in Indien später weite Verbreitung gefunden und drücken nicht außen Sichtbares, sondern innerlich Erfahrbares aus. Die übereinander angeordneten Gesichter sind dann Erfahrungsebenen, etwa wie die Chakren im Kundaliniyoga, in dem die innere Kraft schlangengleich durch einen subtilen Kanal zum höchsten Erleuchtungszentrum aufsteigt (Avalon 1961; Stein 1993, Abb. 15; G. Krishna 1968; v. Weizsäcker u. G. Krishna, 1971). Warum sollten den frühen Nomaden solche Erfahrungen nicht zugänglich gewesen sein? Sie sind älter als ihre verbale Formulierung. Auf den ersten Blick erscheinen die seitlichen Tiere wie Arme. Nehmen wir die Evolutionstheorie zur Hilfe, so sind ja die Tiere etwas wie Seitenarme in der Entwicklung zum Menschen. Und denken wir an die Philosophie von Atman = Brahman, dann ist das wahre Selbst in der Tat umfassend und bezieht die Tierwelt mit ein. Auch hier: Warum sollte schamanischen Tierzüchtern solches verborgen geblieben sein? Die heutigen Sadhus dürften die direktesten Nachfahren der Schamanen sein (Hartsuiker 1993, 11). Der »erste Blick« sieht oft richtig. Heimo Rau (1978, 36) weist darauf hin, dass das Wort Yoga zum ersten Mal in der Kathaka-Upanishad im 6. Jahrhundert vor Chr. in der heutigen Bedeutung des Anjochens, Anschirrens des Geistes an das als wahr Erkannte, entgegen sonstigem Umherflattern des Geistes vorkommt. Ein Synkretismus lag in der zweiten Hälfte des 6. Jahrhunderts nahe. Die Berührung mit hellenistischen und iranischen Gottheiten (Rau 1978, 44) trug zur Ausbildung der indischen Kultbilder bei. Ihre Vielgliedrigkeit und Mehrköpfigkeit erregte im Abendland zunächst Anstoß, Goethe fällte harte Urteile. Über die Herkunft scheint wenig bekannt. Die Verbindung zu den luristanischen Bronzen könnte von Interesse sein.

In Indien verehrte man früh eine Trinität in »trai-purusha« Tempeln: Brahma-Visnu-Shiva. Ein solcher Tempel konnte als advaita-lila-grha beschrieben werden, d. h. über der Trinität stand die Einheit (Ramachandra Rao 1990a, 10). Brahma, der Schöpfer, galt dann als aus sich selbst geboren, svayam-bhu (Ramachandra Rao 1990a, 8). Nach dem 8. Jahrhundert starb der Brauch, solche Tempel zu bauen, aus, und Brahma wurde vom Volk nicht mehr selbständig verehrt, von wenigen Ausnahmen abgesehen, wie dem Brahman geweihten Tempel in Pushkar, Rajashan (Dawson 1973, 57). Die Tempel waren dann Shiva und Vishnu gewidmet und zwar zunehmend getrennt, begünstigt durch die Verbreitung von »Agamas« im 7.–11. Jahrhundert, Texten vor allem über die Verehrung der Götter. Vom 8.–6. Jahrhundert hatte der Begriff Brahmane philosophische Bedeutungen wie »absolut«, »göttliches Mysterium« und »Einer jenseits des Vielfachen« (Albanese o. J., 62). Letzteres war für die frühen Griechen Apollon, nicht des Vielen.

Brahma lebte in mehr abhängiger Gestalt fort. In der indischen Götter- und Symbolwelt findet sich eine Konfiguration, die vermutlich in ihrer Grundaussage alt ist und zugleich modernste Philosophie. Vishnu liegt schlafend auf der Schlange der Unendlichkeit, Ananta (Shearer 1993, 40 f), und wird auch mit ihr identifiziert (Dowson 1973, 14). Vielleicht dürfen wir deuten: Vishnu und Ananta als Virtualität. Was er träumt, ist die Welt. Wir, unser Leben, das Manifeste, ein Traum Gottes, dargestellt als Lotos, der aus dem Nabel Vishnus aufsteigt. Was geschieht, wenn dieser Gott – im Menschen – erwacht? Das ist nach alter Vorstellung die Erleuchtung, symbolisiert im oft viergesichtig dargestellten Gott Brahman. Wir können heute sagen, die individuelle Erleuchtung ist das Ziel Einzelner. Es gibt aber auch ein Erwachen des Gottes in der Menschheit als inhärentes Ziel der kulturellen Evolution. Vishnu erwacht dann wohl auch aus Alpträumen.

Wir sollten die Evolution groß genug denken, als die des Universums, darin vieler Planeten mit Leben, Geist. Die indische Mythologie hatte solchen weiten Atem. Wir müssten ihn nur aus den volkstümlichen Geschichten etwa der Puranas (Mani 1975) herauslesen. Shiva, für die Shivaiten ihr höchster Gott wie für die Vishnuiten

Vishnu, ist dann Schöpfer, Erhalter und Zerstörer in einer Person, der Herr der großen Zyklen. Wir haben uns daran gewöhnt, das zyklische Denken den so genannten geschichtslosen Naturvölkern zuzuordnen. Ihr Leben vollzog sich nach unserer Vorstellung in den großen Zyklen der Natur, von Tag und Nacht, im Wechsel der Jahreszeiten, Geburt und Tod, neuer Geburt oder Wiedergeburt. Das geschichtliche Denken erscheint uns als Errungenschaft höherer Kulturentwicklung. Aber kosmisch herrschen die großen Zyklen weiter, Universen entstehen und vergehen wie Sonnenauf- und -untergänge. Shiva tanzt. Für die frühen Griechen wurde das zum Mythos von Sisyphos, aber Camus wollte uns lehren, das positiv zu nehmen, obwohl es sinnlos ist. Sisyphos ist ursprünglich ein Bild des Sonnengottes und des weisen Selbst, Se-sophos, so wie Shiva das unsterbliche Selbst in allen Zyklen ist. Auf ihrer philosophischen Ebene nannten die Inder das lila, d. h. das große Spiel Gottes, des wahren Selbst. Wir fühlen uns eher als der ausgelieferte Spielball denn als Spieler und finden das Spiel grausam und die Deutung zynisch und lehnen sie ab. Medhananda erzählte eine andere indische, naive aber schöne Traumgeschichte, diesmal von Shiva. Der Gott blickte von seinem Thron auf dem Berg Kailash herunter und sah gerade einen Eber, der sich mit seinen Säuen ergötzte. Einen Augenblick dachte Shiva, wie schön muss es sein, sich als ein solcher Eber mit den Säuen zu vergnügen. Und da er ein Gott ist, wurden solche Wünsche natürlich gleich Wirklichkeit. Shiva wurde zu einem Eber. Die anderen Götter sahen von oben seinem Treiben zu. Aber da der Thron Shivas verwaist war, ging alles drunter und drüber. Die Götter hielten Rat, was zu tun sei. Endlich beschlossen sie, der Kriegsgott sollte den Eber mit einem Spieß, den er hinunter schleuderte, töten. So geschah es. Das war nicht schön für Shiva, so elendiglich von einem Spieß durchbohrt zu werden. Aber Shiva erwachte und war wieder Shiva auf seinem Thron. Die Weltordnung stellte sich wieder her. Das ist bei aller volkstümlichen Naivität ein Bild für das Ende aller Zeiten, oder richtiger, unseres Zyklus. Und Shiva, unser wahres Selbst, ist ihm letztlich nicht unterworfen. Ist nicht Gott Shiva selbst hier in der Rolle des »verlorenen Sohnes«?

Shiva ist das Sein und das Bewusstsein. Die Inder haben auch eine letzte, scheinbar abstrakte Trinität: Sat-Chit-Ananda, Sein-Bewusstsein-Seligkeit. Die Erfahrung von Sein und Bewusstsein scheint leichter zugänglich als das dritte Glied der Trinität, Ananda. Es ist ja nicht irgendein höchstes Glück. Es ist die Einsicht, dass Bewusstsein notwendig Seligkeit ist und nichts anderes sein kann. Alles andere Glück ist ein Abglanz davon. Dies jedoch nicht unbedingt in der Stärke des Affekts, der Ekstase. Die Einsicht in die innere Notwendigkeit von Sein als Ananda kann eine sehr stille sein. Dabei ist die Erkenntnis alles andere als eine rein rationale. Sie reicht von der volkstümlich mythologischen Ebene – Shiva zeigt sein Lichtlingam Brahma und Vishnu als »die wahre Verkörperung von Sein, Bewusstsein und Seligkeit« (Eck 1989, 167) – bis zur modernen indischen Philosophie. Und wenn der Pilger in Benares an den fünf Tirthas badet, wird er nicht wiedergeboren, sondern selber zum fünfköpfigen Shiva (Eck 1989, 262) – das Ziel auch der Yogaphilosophie. All dies ist nicht »abstrakt«.

Descartes kannte, trotz seiner »Meditationen«, solche Erfahrung nicht. Er wollte das »sum« aus dem »cogito«, mit oder ohne Hilfe Gottes, rational erschließen. Das cogito ist vergleichsweise zweifelhaft, aber grade der Zweifel ist der Anfang von rationaler Wissenschaft. So wurde das »Cogito ergo sum« zur erfolgreichsten Modetorheit der Philosophiegeschichte. Dennoch wurde Ananda nicht völlig vergessen. Fichte schreibt in seiner »Anweisung zum seligen Leben«:

> »Diese Anweisung lässt sich nun in eine einzige Bemerkung zusammenfassen: Es ist nämlich dem Menschen keineswegs angemutet, sich das Ewige zu erschaffen, welches er auch niemals vermögen würde; dasselbe ist in ihm und umgibt ihn unaufhörlich: der Mensch soll nur das Hinfällige und Nichtige, mit welchem das wahrhaftige Leben nimmer sich zu vereinen vermag, fahren lassen; worauf sogleich das Ewige, mit aller seiner Seligkeit, zu ihm kommen wird. Die Seligkeit erwerben können wir nicht, unser Elend aber abzuwerfen vermögen wir, worauf sogleich durch sich selber die Seligkeit an desselben Stelle treten wird. Seligkeit ist, wie wir gesehen haben, Ruhen und Beharren in dem Einen: Elend ist Zerstreutsein über dem Mannigfaltigen und Verschiedenen; sonach ist der Zustand des *Seligwerdens* die Zurückziehung unserer Liebe aus dem Mannigfaltigen auf das Eine.« (1996, 416)

Solche Gedanken mögen uns widerstreben, ihren Zusammenklang mit der indischen Lehre von Sat Chit Ananda können wir nicht leugnen, er ist auch anderen aufgefallen (Rolland, 1965, 271 Fußn.).

Advaita Vedanta geht es um dieses Eine, aber es gibt eine Abstufung: »Atheism and agnosticism are worse views than theism; within theism, again, monotheism is preferable to polytheism; but ultimately preferable to all theism is monism« (Potter 1981, 7). Wir kommen allerdings nicht umhin, dem Atheismus und Agnostizismus am Beginn der wissenschaftlichen Ära einen wichtigen Ort zuzuschreiben, der Polytheismus weist mit seiner Symbolik über sich hinaus auf das Eine hin, und der Monotheismus ist, obwohl mit ihm die Intoleranz Einzug hielt, ein Fortschritt in der Geistigkeit. Alle diese Ebenen sind präsent und verlangen unsere Toleranz, sofern ihre Vertreter selbst Toleranz gewähren. Der Hinduismus hat Raum für den Polytheismus wie den spirituellen Monismus, die »Mosaische Unterscheidung« (Assmann 2003) von wahr und falsch hat darin keinen Ansatzpunkt.

Der wichtigste Schritt im Advaita Vedanta ist nicht die rationale Erkenntnis »alles ist eins«, sondern die Erkenntnis des wahren Selbst.

> »And that same true Self, pure consciousness, is not different from the ultimate world Principle, Brahman, because if Brahman were conceived as the object of Self-awareness it would involve subject-object distinction and, as said above, this is a product of ignorance.« (Potter 1981, 7)

Weiter heißt es bei Potter (1981, 32):

>The Advaita view is simple to state and devastating in its implications. Liberation is nothing more nor less than being, knowing, and experiencing one's true Self. In this disarming statement we can find the key to many of the Advaita teachings.<

Dieses wahre Selbst ist zunächst unbewusst. Das ist also ein Beitrag zur Lehre vom Unbewussten. Aber:

>though the Self is not an object of pure consciousness, it does not follow that it can't be the apparent object of empirical or ignorant awareness. Indeed, whenever we speak of ourselves in the first person as knower we are (though we do not know it) aware of the Self.< (Potter 1981, 94)

Vivekananda (1863–1902) hat den Advaita Vedanta dem Westen nahe gebracht. Romain Rolland (1965) versuchte, diesen auch an Freud weiterzugeben, mit geringem Erfolg. Für Vivekananda war eine Erkenntnis des wahren Selbst nicht möglich, wobei er wohl an die westliche, diskursive Art des Erkennens dachte. Er betonte aber: *wir sind es*. Und die Erfahrung davon leugnete er keineswegs. Diese Erfahrung öffnet den Blick in unermessliche Tiefen – unseres Selbst.

Für viele Menschen im Westen, so auch für C.F. v. Weizsäcker (1977, 594), ist Sri Ramana Maharshi, der Heilige von Tiruvannamalai, auch nach dessen Tod 1930, zu einer wichtigen Figur geworden. Er gab den Besuchern mit auf den Weg, sich zu fragen: Wer bin ich? Das ist die Frage nach dem wahren Selbst (Helg 2000). (Für eine vergleichende Studie zwischen Advaita Vedanta und westlicher Religionsphilosophie s. Arvind Sharma 1995.)

Die große Synthese zwischen westlichem Evolutionsdenken und indischer Tradition hat Sri Aurobindo geleistet. Für ihn ist >the idea of Lila, a deeper and more penetrating word than Maya< (SABCL 16, 428). Er unterscheidet >Monism, Qualified Monism and Dualism< (SABCL 12, 81 Fußn.). Der reine Monismus ist mit seinem Begriff Maya ein >illusionist or exclusive Monism< (12, 79 Fußn.), von diesem unterschieden ist der >realistic Adwaita< (SABCL 22, 44).

>The real Monism, the true Adwaita, is that which admits all things as the one Brahman and does not seek to bisect Its existence into two incompatible entities, an eternal Truth and an eternal Falsehood, Brahman and not-Brahman, Self and not-Self, a real Self and an unreal yet perpetual Maya. If it be true that the Self alone exists, it must be also true that all is the Self.< (SABCL 18, 31) >... the one is the one even in the multiplicities of Nature.< (SABCL 13, 434)

Das ergibt eine Ontologie, die begründet ist in knowledge by identity.

Wenn Aurobindo der Vielheit als anderer Seite der Einheit ihr Recht einräumt, so gesteht er auch dem dualistischen Gottesglauben, Gott als Gegenüber, zu, nicht notwendig der Unwissenheit zu verfallen: »it would insist on the joy of the differentation as necessary to the fullness of the joy of unity« (SABCL 18, 148). Aber der Dualismus enthält auch Fallstricke:

> »In the world of gross matter (…) the difference is so acute, that it is impossible for the material sensual being to conceive of the Supreme Soul as having any point of contact with his own soul and it is only by a long process of evolution that he arrives at the illumination in which some kind of identity becomes to him conceivable. The basal conception for Mind as conditioned by gross matter is Dualistic; the knower here must be different from the known (…). Undoubtly the ultimate knowledge he arrives at brings him to the fundamental truth of identity between himself and the Supreme Self, but in the sphere of gross phenomena this identity can never be more than an intellectual conception, it can never be verified by personal realisation. On the other hand it can be *felt,* by the supreme sympathy of love and faith, either through love of humanity and of all other fellow-beings or directly through love of God. This feeling of identity is very strong in religions based largely on the sentiment of Love and Faith. I and my Father are One, cried the Founder of Christianity; I and my brother man and my brother beast are One, says Buddhism; St. Francis spoke of Air as his brother and Water as his sister; and the Hindu devotee when he sees a bullock lashed falls down in pain with the mark of the whip on his own body. But the feeling of Oneness remaining only a feeling does not extend into knowledge and therefore these religions while emotionally pervaded with the sense of identity, tend in the sphere of intellect to a militant Dualism or to any other but always unmonistic standpoint. Dualism is therefore no mere delusion; it is a truth, but a phenomenal truth and not the ultimate reality of things.« (SABCL 12, 11f; s. auch William Beidler 1975)

Das gilt auch für die sexuell-erotisch geprägte Jesus-Mystik der Nonnen des Zeitalters der Kreuzzüge, der Ketzer- und Hexenverfolgungen (Daxmüller 2001, 128; 138).

Der Leser könnte in diesem Kapitel die Stimme des Buddhismus vermissen, die heute auch in Europa und Amerika Aufmerksamkeit gewinnt. Die Schwierigkeit für die hier dargelegte Linie ist die Anatta (Nicht-Atman, Nicht-Selbst) Lehre des Buddhismus. Dieses Problem löst sich auf, wenn wir die Untersuchungen von Joaquin Perez-Remon (1980) über »Self and Non-Self in Early Buddhism« zugrunde legen, die zu dem Schluss kommen: »The true self is never brought into question« (1980, 304). Wenn vor Gefahren irgendeiner Lehre über das Selbst gewarnt wird, beziehen sich die Warnungen auf das falsche Selbst.

> »Beyond that the only thing we are told is that the self is transcendent and therefore ineffable, beyond our powers of comprehension« (1980, 304 f). »If then the ultimate reality in each man is said to be transcendent what else can that reality in every man be but man's true self? This transcendent self was the one asserted whenever one was made to say of the empirical factors, ›this is not mine, this I am not, this is not my self‹, a formula that equivalently says, ›I am beyond all this, my self transcends all this‹.« (1980, 305)

Auf diese Weise kann sich der Buddhismus in die Atman-Lehre und damit auch in einen letztlichen Monismus eingliedern. Das Gegenbild wäre ein nihilistisches Selbstmissverständnis des Buddhismus.

Letzteres – die Interpretation des Nirvana als »Nichts« – spielt bis in die heutige japanische Philosophie eine bedeutsame Rolle (Brüll 1993, 27). In der Alleinheitslehre der 850 gegründeten Tendai-Schule des Mahayana-Buddhismus z. B. sind »aber Leere und Seiendes nicht eine unvereinbare These und Antithese, sondern sie finden in der dritten Wahrheit des Mittleren ihre Synthese« (Brüll 1993, 45). Die Wahrheit des Mittleren »ist das wahre Wesen (jisso), sie ist die Buddha-Natur (bussho)« (Brüll 1993, 45). Erlösung wird im Mittleren Weg u. a. »durch die Transzendenz des diskriminierenden Denkens erreicht« (Brüll 1993, 32). Im Mittelpunkt der von Kukai (774–835) gegründeten tantrisch-esoterischen Shingon-Schule steht der Dainichi Nyorai, der mit dem zeitlosen Dharmakaya-Buddha gleichgesetzt wird, wobei von mehreren Buddha-Leibern ausgegangen wird.

> »Der Gesetzes- oder Dharma-Leib« ist dann der, »der Buddha als das Absolute verkörpert. Allein in diesem Leib verwirklicht Buddha sein wahres Selbst. Dieser Leib ist nicht geschaffen, also anfangslos, er vergeht nicht, ist formlos und jenseits der Vorstellung, ist unendliche Wahrheit, die Quelle der Erleuchtung, das Zentrum vieler Buddhas und Bodhisattvas, die Einheit, die aller Verschiedenheit zugrunde liegt und das Ureine, aus dem die beiden anderen Leiber erwachsen.« (Brüll 1993, 48)

Ziel der Shingon-Lehre ist: »Die völlige Vereinigung des Menschen mit Dainichi Nyorai, der die absolute Wahrheit und Wirklichkeit darstellt und sich selbst in allen Sinnesobjekten und im Denken offenbart« (Brüll 1993, 52). In ihrer Lehre und Praxis sieht die Shingon-Schule ihre Überlegenheit und Universalität über alle anderen buddhistischen Strömungen.

Einer der bedeutendsten Philosophen der neueren Zeit, der Begründer der Kyoto-Schule und das heißt der modernen japanischen Philosophie überhaupt, Nishida

Kitaro (1870–1945), der ausdrücklich an die indische Philosophie von Atman = Brahman anknüpft, stark von Zen, aber auch vor allem von der westlichen Philosophie geprägt ist und sogar Überlegungen zum Bewusstsein des Neugeborenen einbezieht, hebt das östliche Denken über die Existenz »Gottes« von der Historie der westlichen Gottesbeweise ab: »Alle diese Theorien versuchen ›Gott‹ von außen zu beweisen, sie beweisen ›Gott‹ nicht unmittelbar aus der direkten Erfahrung des Selbst« (Brüll 1993, 161). »Man kann das Gute auf vielfache Weise akademisch erklären, in praxi gibt es jedoch nur *ein* wahrhaft Gutes. Es lautet: die *Erkenntnis des wahren Selbst.*« Unser »wahres Selbst ist die Substanz des Universums« (Nishida 1993, 187). »Der geheime Schlüssel zur Erklärung des Universums liegt im Selbst. Den Geist aus der Materie zu erklären heißt, Ursache und Wirkung zu verwechseln« (Nishida 1993, 201). Aber: »Das wahre Selbst tritt erst dann vor Augen und seine wahren Bedürfnisse können erst dann erfüllt werden, wenn alle subjektiven Fiktionen ausgelöscht wurden und das Selbst und die Dinge zu einem geworden sind« (Nishida 1993, 174). »Der Mensch ist, in einer Hinsicht, unmittelbar Gottes Selbstwahrnehmung. (…) Unsere Individualität differenziert sich aus dem Göttlichen. Die Entfaltung jedes Einzelnen vervollkomnet die Entfaltung Gottes. In diesem Sinne besitzt unsere Individualität ewiges Leben« (Nishida 1993, 214). Und dann setzt Tanabe Hajime, einer der bedeutendsten Nachfolger Nishidas, das wahre Selbst mit dem *satori* gleich (Brüll 1993, 127). Fritz Buri (1982) beschäftigt sich als christlicher Theologe mit der Kyoto-Schule, wobei ihm »Der Buddha-Christus als der Herr des wahren Selbst« erscheint, »kosmisch-monistische Spekulation« aber »Anlass zur Kritik« gibt (1982, 467). Der gegenwärtig wichtigste Repräsentant der Kyoto-Schule ist Shizuteru Ueda (R. Elberfeld 2004, 57)

Während die japanischen Denker sich durch eine breite Rezeption westlichen Philosophierens vor allem Heideggers auszeichnen (Buchner 1989), bis hin zu einer weitreichenden Identifizierung selbst mit der sowjetischen Philosophie, sind umgekehrt bei uns ihre Namen kaum bekannt, von einigen Fachleuten abgesehen. Nach einer längeren Zeit, die hauptsächlich durch Übernahme und Verarbeitung westlichen Denkens bestimmt war, hat die für uns besonders interessante Kyoto-Schule wieder eine eigenständige japanische Philosophie geschaffen. Ich denke, ich gehe nicht fehl, wenn ich sage, dass es diesem Denken bei aller (dialektischen) Anerkennung der Widersprüchlichkeiten, bei allem Kreisen um die buddhistisch vorgegebene Fassung des »Nichts«, um einen Monismus geht, der sich in einer Erfahrung des Selbst und einem »kosmischen Bewusstsein« (Brüll 1993, 57) ausdrückt. Wenn nicht »Verlöschen«, sondern »Erwachen« im Mittelpunkt steht, dann kann »Verlöschen« sich auf periphere Bedürfnisse, Wertschätzungen beziehen.

Das heutige Japan erscheint Intellektuellen wie Masao Maruyama von einem »geistigen Chaos« (Maruyama 1988, 74) beherrscht, es wurde von einer »Bastardkultur« (Maruyama 1988, 75) gesprochen.

»Keine unserer traditionellen Religionen war in der Lage, sich mit den aus dem Westen einströmenden Ideologien geistig auseinanderzusetzen und dadurch eine bewusste Neugeburt von Tradition zu bewirken. Deshalb wurden die neuen Ideen völlig ungeordnet aufgehäuft, und die geistige Promiskuität der modernen Japaner nahm immer größere Ausmaße an.« (Maruyama 1988, 74)

Es wird dadurch die Tendenz befördert, »sich auf fragmentarische ›Wirklichkeitserfahrung‹ zu fixieren oder sich eventuell sogar einzubilden, diese selbst sei eine neue Denkform« (Maruyama 1988, 76; vgl. dazu auch Henrich 1999, 208). Unsere Überlegungen schon im Zusammenhang mit der Quantentheorie haben gerade für den Westen wie für Japan andere Perspektiven eröffnet! Maruyama setzt Hoffnung auf das Subjekt:

»Die Energie, die das unproduktive Nebeneinander überwindet und eine echte ›Kreuzung‹ zustandebringt, kann – sowohl als Erkenntnis wie auch als Praxis – letzten Endes nur von einem über zähe Selbstbeherrschung verfügenden Subjekt aufgebracht werden. Diese Subjekt *aus uns selbst* hervorzubringen, das und nichts anderes ist die Aufgabe unserer ›Revolution‹.« (Maruyama 1988, 76 f)

Die ›Kreuzung‹ läge in einem hier wie dort in Tradition und Moderne durchaus vorgegebenen Monismus.

Ähnlich wie die japanischen Denker suchen auch die modernen indischen Philosophen westliche philosophische Strömungen mit ihrer eigenen Tradition zu verbinden. Panneersalvam (2004, 19) schließt einen Überblick dazu:

»R. Balasubramanian (geb. 1929) ist ein weiterer im In- und Ausland bekannter Advaita-Gelehrter. Auch sein Denken ist durch eine Inklusivitäts-Perspektive ausgezeichnet, denn er kombiniert in seinen Schriften indische und westliche Philosophie, indem er analytische und phänomenologische Methoden zur Interpretation des Advaita verwendet. Dadurch wirft er neues Licht auf die alte Tradition«.

Es bleibt zu hoffen, dass Indien auch als industrielle und wirtschaftliche Großmacht modernen westlichen Stils ihr großes Erbe wird bewahren können.

Der militante Dualismus hingegen hat im Islam eine gefährliche Form angenommen, und es ist eine noch kaum gestellte Frage, ob er auf der Ebene des Dualismus (der Religionen oder des modernen agnostischen Abstands von ihnen) überwunden werden kann. Axel Michaels beendet sein Buch über den Hinduismus mit einem Ausblick:

»Vielleicht wird bei all den apokalyptischen Rufen der Jetztzeit diese Stimme Indiens gehört: die Erkenntnis, dass das Neue auch das Alte ist, dass die Zukunft auch Vergangenheit, dass Mensch und Tier eines sind, dass Gott auch Mensch, der Mensch aber auch Gott ist, dass das Teil, das Singuläre, das einzelne schon das Ganze ist, dass das Diesseits das Jenseits ist und das Jenseits das Diesseits. So bringt Indien bei dem unvermeidlichen Zusammenwachsen der Kulturen und Religionen sein wohl sympathischstes Unterpfand mit: den weisen, lächelnden Habitus des Gleichmuts und des Muts zu Gleichungen, bei denen das Selbst – nicht das sehn- und selbstsüchtige Ich – mit Freund und Feind, Tier und Pflanze identisch ist. Vielleicht ist dieser Gleich-Mut das, was einer gottlosen Welt, die mehr auf Erlös als auf Erlösung aus ist, am Ende guttut.« (1998, 377)

Teil III

11. Yad Vashem und das Perlenlied – Ein Zwischenruf

»Das Geheimnis der Erlösung heißt Erinnerung.« Dieser Satz steht an der Ausgangstür der Holocaust-Gedenkstätte von Yad Vashem in Jerusalem. Er ist als psychoanalytisches Wort verstehbar. Erinnerung heißt Nicht-Verdrängen, Nicht-Verleugnen. Sie kann von der unbewussten Wiederkehr des Verdrängten »erlösen«. In diesem Sinn ist der Satz häufig zitiert worden. Der damalige Bundespräsident Richard von Weizsäcker hat ihn erstmals zum 40. Jahrestag des Kriegsendes benutzt, der Präsident des Zentralrats der Juden in Deutschland im Zusammenhang mit Martin Walsers umstrittener Rede, sogar eine Briefmarke der Bundespost trägt diesen Satz. Vollständig zitiert heißt er: »Das Vergessenwollen verlängert das Exil, das Geheimnis der Erlösung heißt Erinnerung.« Er wird Israel ben Elieser, genannt Ba'al Schem Tow (1700–1760), dem Begründer des Chassidismus, zugeschrieben.

Um ihn richtig zu verstehen, empfiehlt es sich, den Text eines seiner Schüler, Rabbi Jakob Josef von Polna, zu Rate zu ziehen:

> »Ein König schickte seinen einzigen Sohn aus dem königlichen Palast in ein Dorf, damit er das königliche Leben richtig schätzen lerne. Doch der Prinz vermischte sich mit den Dorfbewohnern und vergaß seine königliche Herkunft. Er kleidete sich wie die Dorfbewohner und sprach ihren Dialekt. Nach einiger Zeit sandte der König einen Offizier, um den Prinz heimzuholen. Doch der konnte ihn nicht mehr verstehen. Auch der zweite und der dritte Versuch misslang. Der verzweifelte Vater schickte seinen klügsten Minister. Dieser hatte sich einen Plan ausgedacht. Als er das Dorf erreichte, zog er seine Uniform aus, kleidete sich in einfache Gewänder und benahm sich ganz wie ein Mann vom Lande. So gelang es ihm, Kontakt mit dem verlorenen Sohn aufzunehmen und in ihm langsam die *Erinnerung* (kursiv von mir, St.) an seine edle Herkunft wieder zu wecken. Schließlich brachte er ihn nach Hause zurück.« (zit. nach Krochmalnik 1999, 12)

Die Geschichte erinnert nicht nur an die biblische vom verlorenen Sohn (Luk. 15, 11–32). Sie könnte mit dem Verhalten des klugen Ministers geradezu als spezifisch christlich gelten: Gott entkleidete sich seiner Göttlichkeit und wurde Mensch unter Menschen.

Die Erzählung ist in Varianten nicht nur auch biblisch, sie reicht, so im gnostischen Perlenlied, in vorchristliche Zeiten (Adam, 1959) zurück. Sie wurde aber auch schlechthin als »christliches Gedicht« bezeichnet (Quispel, 1967, 64). In den Thomasakten (Foerster et al. 1969, 108 f) wird ein »Psalm« des Thomas erzählt. Er beginnt ganz ähnlich wie die späteren Berichte: »Als ich ein kleines Kind, das noch nicht reden konnte, war am Königshofe meines Vaters und ruhte im Reichtum und Überfluss der Ernährer, versahen mich die Eltern mit Reisemitteln und sandten mich von Osten, unserer Heimat, fort«. Der Königssohn erhielt einen Auftrag: »Wenn du nach Ägypten hinabgehst und von dort die eine Perle bringst, die dort bei der verschlingenden Schlange ist, wirst du das mit Steinen besetzte Kleid (wieder) anziehen (…) und mit deinem Bruder, unserem Zweiten, Erbe werden in unserem Königreich.« Ganz ähnlich wie in den anderen Geschichten zieht der Königssohn die Kleidung der dortigen Bewohner an, vergisst die Perle, nach der ihn die Eltern gesandt hatten, und verfällt schließlich in einen tiefen Schlaf. Die besorgten Eltern riefen die Herrscher der Umgebung zusammen und verfassten gemeinsam einen Brief, der den Sohn wecken, ihn daran erinnern sollte, dass er ein Königssohn ist, der unter knechtisches Joch geraten sei. Er solle an sein goldbesticktes Kleid, an die Perle denken. Der Sohn erhielt den Brief, las ihn, und es heißt: »Geschrieben aber war er wie das, was in meinem Herzen aufgeschrieben war. *Und augenblicklich erinnerte ich mich* (kursiv von mir, St.).« Er raubte der Schlange die Perle und begab sich auf den Weg »zum Licht der Heimat im Osten«, von der Liebe geführt und gezogen. Und: »Plötzlich aber sah ich das Kleid, das wie in einem Spiegel (mir) glich, und ich sah mich ganz in ihm, und ich erkannte und erblickte mich selbst durch dieses«. Es war »in heiteren Farben kunstreich gebildet (…) mit Gold und wertvollen Steinen und Perlen von hervorleuchtender Farbe (…). Und das Bild des Königs der Könige (war) vollständig auf dem ganzen (Kleide).« »Ich sah aber wiederum, dass von dem Ganzen Bewegungen von Erkenntnis ausgingen.« So gelangte er vor den König. Alle seine Untergebenen sangen zur Begrüßung mit wohllautenden Stimmen. Der König war voller Freude. – Ein ganz ähnliches Gleichnis findet sich im Lotos-Sutra des Mahayanabuddhismus (1992, Kap. IV, 124 f).

Mit diesen Erzählungen wird deutlich, dass »Erinnern« in dem viel zitierten Satz ursprünglich nicht die Erinnerung an ein Verbrechen meint. Davon ist überhaupt nicht die Rede. Und wenn ein Verbrechen in dieser Geschichte vorkäme, dann im inneren Zustand des Nicht-mehr-Erinnerns im fremden Land, unter den Menschen fern des Palastes. Das Sich-Erinnern bezöge sich auch dann nicht auf ein etwa verdrängtes oder verleugnetes Verbrechen. Das Verbrechen geschähe zwar vielleicht »im Schlaf«, d. h. unbewusst. Das Erwachen und Erinnern aber führt weit weg davon, weg und darüber hinaus.

Wenn wir nicht einfach konstatieren wollen, dass hier ein Zitat aus dem Zusammenhang gerissen wurde, dass ein »fruchtbares Missverständnis« zugrunde liegt, die Erzählung als solche allenfalls eher einer »Wahrheit der Märchen« zuzuschreiben ist, dann kann es mit dem »Nicht-Verdrängen« und »Nicht-Verleugnen«, um das sich die Psychoanalyse verdienstvoll bemüht, und das die Literatur uns noch deutlicher zu Bewusstsein bringt, nicht als der Weisheit letzter Schluss sein Bewenden haben. Es könnten darüber hinaus andere vergessene Mahnungen in diesen Texten bereit liegen. Es könnte von einer Verkürzung des gemeinten Inhalts gesprochen werden, dies aber nicht nur als wissenschaftliche Feststellung, sondern als weitreichende Kritik an einer herrschenden, die spirituelle Dimension ausklammernden Mentalität. Den Zwischenruf in die Wissenschaft abzudrängen, ginge an ihm vorbei: tua res agitur.

Ich möchte dem z. T. berechtigten Einwand begegnen, der Schwenk von den nicht zu vergessenden Verbrechen zur Spiritualität des schönen Perlenlieds erfolge denn doch zu schnell. Ein Zwischenruf kann nicht alles sagen. Hier aber sei gesagt, dass es ja gerade Spiritualität der Zukunft auszeichnen könnte, dass sie die von den traditionellen Religionen beiseite gedrängten psychischen Anteile als zum Leben berechtigte und zum vollen Leben notwendige ansieht. Dazu gehören dann auch die Verarbeitung der negativen Seiten des Lebens, der Schrecknisse, der Verbrechen, ebenso wie die trotz allem immer wiederkehrenden ganz natürlichen Freuden. Ein weiterer Verdacht wäre, Spiritualität könnte zum Deckmäntelchen benutzt werden für einen Überdruss an der Literatur zum Holocaust. Es gibt diesen Überdruss. Aber zunächst ist zu sagen, dass es auch und immer noch eine oft erschreckende Unkenntnis über die Vorgänge dieser Zeit gibt, also zuwenig Erinnerung und Aufklärung. In Bezug auf den Überdruss gilt es, besonders Jugendlichen und kommenden Generationen gegenüber, pädagogisch zu denken, um Überdruss zu vermeiden. Wir müssen uns auch über mögliche »Funktionalisierungen« des Holocaust im klaren sein, etwa dass Publikationen darüber u. a. der eigenen Karriere dienen, Filme etc. Geld einbringen. Das ist unausweichlich. Spiritualität, spirituelle Freude in dem in den voran gegangenen Kapiteln beschriebenen Sinn gibt es erst nach angemessener Verarbeitung anstehender Probleme.

Die Frage nach den Ursachen, den Wurzeln des Verbrechens scheint eine Frage an Historiker zu sein. Durchaus ist auch die Psychoanalyse gefragt. Das Angeben von Ursachen beseitigt nicht die Schuld und Mitverantwortung. Der Weg führt über Erinnerung, sollte aber Überwindung, ohne die Weiterleben unmöglich ist, nicht grundsätzlich verdächtigen und versperren.

Stellt man den Holocaust in den Kontext »ethnischer Säuberungen«, erscheint er als Sonderfall unter vielen. Keinesfalls aber soll und darf das unauslotbare, unfasslich bleibende Verbrechen des Holocaust eingeebnet werden. Der Holocaust ist etwas Heiliges, wie mir ein jüdischer Freund sagte. Darüber in verallgemeinernden Begriffen zu reden, sträubt sich unser Gefühl. Alles Reden darüber verstummt vor der Realität. Ist es möglich, mit den Worten der Respekt gebietenden letzten Lehre Freuds dazu Worte zu finden? Der gemeinsame Nenner ist die Ausgrenzung »Fremder«, ein Partikularismus des Todestriebs im Sinne Freuds, damit ein »Vergessen« des zur Einheit führenden Eros, der Liebe. Der Sprung scheint zu groß, und unsere Epoche, an Brutalität immer noch reich, ist den negativen Aspekten gnostischer Systeme näher als den positiven, zu denen die Erzählung hinleitet. Die negativen scheinen die einzigen realistischen zu sein. Die positiven sind, wo nicht »vergessen«, dann nur in Märchen oder unglaubwürdig gewordenen Religionen konserviert. Innerhalb der Psychoanalyse könnte die Symbolik dieser Geschichten allenfalls im weitgehend tabuisierten Theorem des wahren Selbst, wie Winnicott es konzipiert hat, aufzufangen sein. Dieses wieder zu Bewusstsein zu bringen, als gnostisches (Stein 1980) zu »erinnern«, könnte dem Erinnern in diesen Geschichten entsprechen. Hier begegnen wir mit Winnicotts Worten einer »Sphärenmusik« (1974, 253), wie sie am Hofe des himmlischen Königs erklingen mag.

Die Sehnsucht danach ist unserer materialistischen Zeit nicht fremd. Sie hat aber die Form der Abhängigkeit von Drogen, der Drogenkatastrophe angenommen. Oder sie wird in der Esoterikszene weitgehend eskapistisch befriedigt.

Der »Ruf«, von dem unsere Geschichte erzählt, und von dem die Gnostiker sprachen, und dessen letzter Reflex bis zu Heidegger (1957, 272ff) reicht, ist eine therapeutische »Begegnung« (Trüb, 1951). In der frühen Nachkriegszeit waren Psychoanalytiker und Therapeuten von Martin Buber, dessen dialogischem Prinzip, und einem Kreis geistig Verwandter beeinflusst, zu denen u.a. V.v. Weizsäcker, der ehemalige Jungianer Hans Trüb und Ernst Michel, dessen Ehe-Buch damals von der katholischen Kirche auf den Index verbotener Bücher gesetzt wurde, gehörten. In unserem Zusammenhang ist es vielleicht interessant, dass katholische Kritiker Michel trotz seines ausgeprägten Schöpfungsglaubens einen Gnostiker nannten. In der Folgezeit orientierten sich die Psychoanalytiker an den Vorgaben der Internationalen Psychoanalytischen Vereinigung und das hieß, an der sog. Ein-Personen-Psychologie. Zuletzt aber entdeckten sie, wohl durch Erfolglosigkeit belehrt, die Zwei-Personen-Psychologie neu. Man könnte darin ein Wiederanknüpfen an die Buber'sche Linie sehen (vgl. Thomä 1999), wobei allerdings die spirituelle Dimension abgeschnitten wird.

Genauer gesagt, ist es der »Ruf«, der zu sich selber ruft. »Werde, der du bist« ist ein in diesem Zusammenhang häufig zitierter Satz, der von Pindar stammen soll, aber am angegebenen Ort (Pythische Gedichte) so nicht zu finden ist, platonisch-neuplatonisch überformt erscheint, vielleicht sogar auf noch ältere Quellen zurückgeht, wie der Satz »Erkenne dich selbst« in der Vorhalle des Tempels zu Delphi, der von Chilon stammen soll, einem der im 6. Jahrhundert v. Chr. lebenden »Sieben Weisen«. Auf moderner Ebene findet sich Ähnliches bei Wittgenstein, dem Mystiker unter den Sprachphilosophen. Hatte er am Schluss seines Tractatus logico-philosophicus (6.54; 1918) seine vorangegangenen Untersuchungen noch als Leiter angesehen, die der Leser am Ende wegwerfen solle, um die Dinge richtig zu sehen, heißt es 1930: »Wenn der Ort, zu dem ich gelangen will, nur auf einer Leiter zu ersteigen wäre, gäbe ich es auf, dahin zu gelangen. Denn dort, wo ich wirklich hin muss, dort muss ich eigentlich schon sein. Was auf einer Leiter erreichbar ist, interessiert mich nicht« (Verm. Bem., 460).

Die Psychoanalyse kommt so erst als spirituelle Psychoanalyse zu sich selbst. Das wäre ein Schluss aus dem Perlenlied.

Die Chassidim (Eliach, 1985) haben selbst noch im Konzentrationslager sich an die Wahrheit ihrer Legenden »erinnert«, d.h. von ihnen im Innersten und entgegen der äußeren Katastrophe sich tragen und stärken lassen.

In allen Medien wurde ausführlich über die Diskussion zum Holocaust-Mahnmal in Berlin berichtet. Dieses sollte ja auf die bestmögliche Weise die Erinnerung wachhalten. Der Gedanke aber, dass »Erinnerung« im religiösen Kontext des Judentums und jeder Religion, Erinnerung an das immer wieder vergessene Göttliche in uns ist, tauchte, soweit ich sehen kann, nirgends auf.

Erinnern sollte nicht bei dem stecken bleiben, was eine »transzendenzlose Welt« (Kertesz, 1999, 33) sich vorstellen kann. Vielleicht ist es auch nicht so,

> »wie Adorno sagt, dass es nach Auschwitz unmöglich geworden ist, Gedichte zu schreiben, Tatsache ist hingegen, dass – wie man sieht – nach Auschwitz Glück nicht mehr möglich ist. Und keineswegs aufgrund irgendeines abstrakten moralischen Gebots, das unserem Unterbewusstsein einflüstert, wir hätten Auschwitz wegen bis in die Ewigkeit Buße zu tun. Im Gegenteil, wir machen die Erfahrung, dass die mechanisch wiederholten Zeremonien formaler Trauerfeierlichkeiten, des öffentlichen Gedenkens, eher dem institutionalisierten Vergessen als kathartischem Erinnern dienen. Wir spüren und erfahren nur einfach unsere Glücklosigkeit, und zwar nicht allein auf der hohen Ebene des Verstands und der Ethik, wo die Voraussetzungen keine andere Wahl zulassen, sondern wir spüren und erfahren es in der Tiefe der Masse und wissen nicht, handelt es sich um die Glücklosigkeit des Menschen nach Auschwitz, oder handelt es sich um die Glücklosigkeit, die zu Auschwitz geführt hat.« (Kertesz, 1999, 36f)

Kertesz ist ein Überlebender von Auschwitz und einer der bedeutendsten Interpreten des Holocaust. Deshalb bitte ich den Leser, auf die Sätze von Kertesz zu hören:

> »Ich weiß wohl, dass ich eine Frage ausbreite, über die im allgemeinen nicht gesprochen wird, weil Glück oder Glücklosigkeit des Menschen keine wissenschaftlichen Fragen sind. Geschichte, Soziologie, Ökonomie – ja, das sind Wissenschaften. Nur dass auch nicht eine von ihnen eine Antwort auf die Frage des Glücks gibt – richtiger, sie überhaupt stellt. Wahrscheinlich haben wir uns also auf ein Gebiet verirrt, das nicht nur von den Wissenschaften, sondern allmählich auch von den Dichtern geräumt worden ist. Doch der Mensch hat nicht nur eine politische und eine ökonomische Geschichte, sondern auch eine Geschichte der Ethik, und sie beginnt in allen uns bekannten Mythen mit der Erschaffung der Welt. Wenn Albert Camus rundheraus erklärt: ›das Glück ist eine Pflicht‹, dann meint er offenkundig, dass der Mensch Gott nur erfreuen kann, indem er glücklich ist. Wobei das von mir Gesagte natürlich metaphorisch, wenn ich so sagen darf: poetisch zu verstehen ist und nicht im konfessionellen Sinn, so wie mir der Gottesgedanke vertraut, aber jedwede Konfession fremd ist. So ist der Glücksgedanke mit dem Schöpfungsgedanken verwandt, und Glück alles, nur nicht

statischer Ruhezustand, die Zufriedenheit wiederkäuender Rinder. Der Glücksanspruch erlegt dem Menschen im Gegenteil wohl den schwersten inneren Kampf auf: Er muss zulassen, dass er sich nach dem Maß seiner eigenen gewaltigen Ansprüche selbst akzeptieren kann, dass das in jedem Menschen lebende Göttliche das hinfällige Individuum gleichsam zu sich emporzieht.

Doch damit es so werde, muss der Mensch zunächst zu sich selbst zurückfinden, wieder Person, Individuum werden, in jenem radikalen Sinn der Existenz, der diesem Wort eignet. Der Mensch wird nicht geboren, um als ausgemustertes Ersatzstück in der Geschichte zu verschwinden, sondern um sein Schicksal zu verstehen, seiner Vergänglichkeit ins Auge zu sehen und – jetzt werden Sie einen sehr altmodischen Ausdruck von mir hören – seine Seele zu retten. Das in einem höheren Sinne begriffene Heil des Menschen liegt außerhalb seiner geschichtlichen Existenz – jedoch nicht in der Vermeidung geschichtlicher Erfahrungen.« (Kertesz 1999a, 37 f)

Wenn auf den vorangegangen Seiten mit z. T. etwas anderer Terminologie von spiritueller Glückseligkeit als Kern aller Spiritualität die Rede ist, dann nicht ohne diesen Hintergrund. Die Kapitel des Buchs versuchen, sich dorthin durchzuarbeiten, wohl wissend, dass diese Position verbal kaum noch vermittelbar ist. So etwa wie die letzten Zeilen in Kertesz' »Roman eines Schicksalslosen« (1999, 287):

»Denn sogar dort, bei den Schornsteinen, gab es in der Pause zwischen den Qualen etwas, das dem Glück ähnlich war. Alle fragen mich immer nur nach den Übeln, den ›Gräueln‹: obgleich für mich vielleicht gerade diese Erfahrung die denkwürdigste ist. Ja, davon, vom Glück der Konzentrationslager, müsste ich ihnen erzählen, das nächste mal, wenn sie mich fragen. Wenn sie überhaupt fragen. Und wenn ich es nicht selbst vergesse.«

12. Das Andere und die Einheit

Die Sterne – richtiger hier die astronomischen, kosmologischen Weltbilder – haben einen weitreichenden Einfluss. Folgen wir Laplanche, dann reicht er bis in die Finessen psychoanalytischer Theorienbildung.

Freud hatte von den berühmten drei Kränkungen des menschlichen Narzissmus gesprochen, die erste war die kopernikanische Wende. Die Erde und damit der Mensch stehen nicht mehr im räumlichen Mittelpunkt des Kosmos. Besonders im Verlauf der weiteren Erforschung des Weltalls wurde die Erde und damit der Mensch zu weniger als einem Staubkorn, verloren irgendwo in einem ihm gegenüber offenbar völlig gleichgültigen, über Milliarden Lichtjahre sich erstreckenden Universum.

> »Nicht nur der Mensch in seiner konkreten Existenz fühlt sich dadurch erniedrigt, dass er sich in einem Nirgendwo wiederfindet, inmitten der ungeheuren Weite des Universums, sondern die kopernikanische Revolution ist vielleicht noch radikaler, insofern sie nahelegt, dass der Mensch, selbst als erkennendes Subjekt, nicht das zentrale Referenzsystem dessen ist, was er erkennt. Genausowenig wie die Sterne um ihn kreisen, genausowenig erkennen sie das Primat unserer Erkenntnis an.« (Laplanche 1996, 11)

So ist »der Mensch in keiner Weise das Maß aller Dinge« (Laplanche 1996, 12). Dieses Universum ist, um ein in Philosophie und auch in der Psychoanalyse (z.B. bei Laplanche) neuerdings eingebürgertes Wort zu strapazieren – gegenüber unserer Alltagswelt, in der die Sonne nach alter ptolemäischer Weise immer noch auf- und untergeht –, das Andere. Dieses Andere, die »unvollendete kopernikanische Revolution in der Psychoanalyse« (1996) sei über Freud hinaus mit Laplanche zu vollenden.

Für die Psychoanalyse ist der oder das Andere zunächst die Mutter gegenüber dem Kind, dem Ich. Für das kindliche Ich gibt es jedoch, was besonders Winnicott herausgearbeitet hat, eine Position der primären Allmacht, die nicht zu früh und nicht zu sehr gestört werden darf, ohne dass Hilflosigkeit eintritt gegenüber einer auch eigenständigen und unausweichlich im weiteren Sinn des Wortes »verführenden« Mutter und einer Außenwelt, die ohne empathische Mutter, Eltern oder Pflegepersonen gegenüber dem Neugeborenen so gleichgültig wäre, wie das Universum der nachkopernikanischen Kosmologie. Immerhin hat die Evolution die mütterliche Fürsorge, zunehmend schon in der Stufenleiter der tierischen Entwicklung, eingebaut, sodass der Terminus einer »harmonischen Verschränkung« (Balint) von mütterlicher Fürsorge und kindlichem Ich angemessener wäre als die philosophisch vielleicht voraussetzungsvollere Theorie einer sozusagen »eigentlichen« Hilflosigkeit einerseits und einer lediglich illusionären Fähigkeit, das kindliche Ich als nicht hilflos Ausgeliefertes zu phantasieren. Auch Laplanche sieht in der Lehre Darwins, »wenn erst einmal die aufgeschreckten Schreie verstummt sind, die durch die Idee provoziert wurden, dass ›der Mensch vom Affen abstammt‹«, keine narzisstische Kränkung im Sinne der zweiten narzisstischen Kränkung des Menschen bei Freud. Wenn der Mensch »so fest« – und wohlzentriert – der Tierpyramide oben aufsitzt, kann es nicht ausbleiben, dass sich der Mensch als Endergebnis und Gipfel betrachtet. »Eine Lehre à la Teilhard de Chardin hat die so genannte evolutionäre Kränkung bestens ausradiert« (Laplanche 1996, 33). Vielleicht hätte die Evolutionslehre A. Newbergs (2004) Laplanche unterstützen können, aber doch so, dass die mystische Erfahrung in ihrer biologischen Begründung als solche bejaht wird.

Es ist also der Mensch, auch der Erwachsene, dem Universum gegenüber in der gleichen Situation wie das Kind, in psychoanalytischer Sicht betrachtet, einer Mutter gegenüber, die, nicht die Illusion der Allmacht empathisch unterstützend, als eigenständige »andere«, ja fremde Person außen gegenüber steht, und dies gilt dann in einem weiteren Schritt vom Unbewussten, das dem bewussten Ich als anderes und fremdes gegenübersteht. Der Mensch ist dadurch nicht mehr »Herr im eigenen Haus« – Freuds dritte Kränkung des menschlichen Narzissmus, bewirkt durch die Psychoanalyse. Und diese Anderheit ist, nach Laplanche, keinesfalls flugs durch Reintegration in das Ich zu beseitigen.

Laplanche sieht in allen Reintegrationsversuchen dem Anderen und Fremden gegenüber Rückfälle in ein vorkopernikanisches, ptolemäisches Denken. Erneute »Selbstzentrierung« (Laplanche 1996, 20) ist ein »Irrweg« (1996, 16; 22) und bleibt, wie z. B. Kants transzendentales Subjekt, »Ptolemäus treu« (1996, 12). Freud ist zwar »in Wirklichkeit sich selbst sein eigener Kopernikus, aber auch sein eigener Ptolemäus« (1996, 15). Es gilt,

> »zu zeigen, wie bei dem Theoretiker Freud der Irrweg mit so etwas wie einem stillschweigenden Einverständnis seitens des Objekts einhergeht, d. h. mit einer Überdeckung der Wahrheit, die der Sache selbst innewohnt, auf die das Denken ausgerichtet ist. Das erneute Sich-Verschließen des Freudschen psychischen Systems als Monadologie, aus dem die Idee eines ›Seelenapparats‹ resultiert (…), wäre zutiefst mit dem Sich-Verschließen des Menschen im Vorgang seiner Bildung selbst verbunden.« (Laplanche 1996, 34)

Sicher ist der Bezug auf die Leibnizsche Monadologie fehl am Platz (Stein 1985), und das stillschweigende Einverständnis seitens des Objekts, das heißt doch wohl der Mutter, mit der »harmonischen Verschränkung« im Sinne Balints, die sich in der Kreativität fortsetzt, kann wohl kaum als »Überdeckung der Wahrheit« abgewertet werden, es sei denn, wir inthronisierten die Kategorie des Anderen in einer sich zerstörerisch auswirkenden Weise. Es bleibt die Frage: »Kann die kopernikanische Revolution der Psychoanalyse vollendet werden?« (35). Laplanche gesteht zu: »auch die psychoanalytische Kur selbst entgeht nicht einer unaufhörlichen Rezentrierung

(…) wo Es war, soll Ich werden.« (Laplanche 1996, 36). Das sei eine »in ihrem Kern ptolemäische Maxime« (1996, 36), und Laplanche resümiert:

> »Wo Es war, wird (soll? muss?) immer noch Anderes sein. Es ist eine der Funktionen der Analyse, die Beständigkeit des Unbewussten, den Vorrang der Anrede des Anderen aufrecht zu erhalten, und es ist die Pflicht des Analytikers, den Respekt zu gewährleisten, der ihnen gebührt.« (1996, 36)

Das gilt ohne Zweifel für die psychoanalytische Situation, in der der Analysand, aus einer regressiven »harmonischen Verschränkung« auftauchend, das Objekt, die Mutter, den Vater, die Welt als solche kennen lernt. Für Laplanche scheint dieser Sachverhalt über seine Pragmatik hinaus weitreichende philosophische Implikationen zu enthalten und, in umgekehrter Betrachtung, eine ins Pragmatische hineinreichende Auslegung zur Folge zu haben. »Menschlichkeit« ist dann in der Psychoanalyse nicht oder nur als regressive Illusion vorgesehen. Diesen Grundzug der Psychoanalyse hat V. v. Weizsäcker trotz seiner Hochachtung Freuds früh erkannt. Heute trägt er zum Untergang der Psychoanalyse bei.

Die kopernikanische Revolution ist auch als solche, was die physikalisch-mathematische Kosmologie anlangt, nicht zu Ende, und es kann nicht von ihr als einer historischen Position am Beginn der Neuzeit philosophisch als Fixpunkt ausgegangen werden, sie wird weitergeführt (Greene 2004, 342). Wenn aber heute Physiker an der »Weltformel« arbeiten, dann gehen sie von dem Gedanken aus, dass der Mensch, oder eben denkende Wesen anderer Planeten, durchaus »das zentrale Referenzsystem dessen« sein können, »was er erkennt« (1996, 11) und dass »die Sterne« anscheinend doch »das Primat unserer Erkenntnis« (1996, 11) und der Möglichkeit unserer Existenz anerkennen. Das Universum ist berechenbar.

Damit also, mit der denkenden Erkenntnis, nicht genug. Der Mensch »greift« nicht nur als Astronaut, also handelnd »zu den Sternen«. Mit der Solidität der Mathematik widerlegt er Laplanches kosmologische Begründung von der Kleinheit des Menschen im unendlichen Universum als Kleinheitswahn. Leitet dagegen etwa Mathematik viel eher auch zum kosmologischen Größenwahn, zur Allmachtsphantasie des Kleinkindes? Immerhin: »Einstein war sich der Verwandtschaft seiner Denkweise mit der gemeinhin Kindern zugeschriebenen Gedankenwelt bewusst«, von ihm stammt die Behauptung, im Alter von drei Jahren wüssten wir alles, was wir jemals an physikalischem Wissen benötigen (Gardner, 1996, 117). Dennoch sind mathematische »Harmonien« nicht schlicht als Regressionen abzustempeln. Vielmehr wird hier in unvorhergesehener Weise psychoanalytisches Denken mathematisch und physikalisch in ein neues Recht gesetzt, was ein neues psychoanalytisches Denken nach sich zieht. Wenn »Reintegration« auf jeder Ebene ein ptolemäischer Irrweg ist, liegt der Akzent jeweils auf der Zertrümmerung gewonnener kreativer Integrationen. In psychoanalytischer Sicht ist das sadistische Lust, »Todestrieb«. Oder es dient Reintegrationen auf neuen Ebenen, wobei, wie in der modernen Physik, komplementär Gegensätzliches, wie die Interpretationen des Lichts als Welle und Korpuskel, nebeneinander stehen können.

Die Größe des Universums, gemessen in Milliarden Lichtjahren, verglichen mit der in Zentimetern gemessenen Größe des Menschen, schreckt die Physiker und Mathematiker nicht. Schließlich ist der Mensch ein Riese, gemessen an der Größe atomarer und subatomarer Partikel oder der Superstrings. Und das Universum begann im Urknall als subatomare Größe. Schon haben ja die Physiker in ihren mathematischen Spekulationen die Horrorvision entworfen, dass durch eine weitere Beschleunigung aufeinander prallender Elementarteilchen, durch Entstehung eines absoluten Vakuums, das sich wie eine Blase mit Lichtgeschwindigkeit ausdehnt, die kosmische Katastrophe, nämlich die Vernichtung des Universums als Ganzem, herbeigeführt werden könnte. Intelligente Wesen in anderen Galaxien könnten dies bereits ausgelöst haben, wovon wir bis »nicht einmal drei Minuten« (Davies, 1996, 165) vor unserer völligen Auslöschung keine Wahrnehmung haben könnten. Aber auch Tröstliches wissen die Physiker (Edward Harrison u. Alan Guth) mathematisch zu phantasieren. Der Mensch könnte umgekehrt auch neue Universen schaffen. Möglicherweise sei unser Universum das Produkt einer solchen Intelligenz. Es hätte sich als Tochteruniversum vom Mutteruniversum gelöst, sei »abgezwickt« (Davies, 1996, 170) worden, wobei es ein besonderes Problem darstelle, dass, vom Mutteruniversum aus gesehen, die Nabelschnur ein schwarzes Loch darstelle. Es sei also »recht unbequem« (Davies, 1996, 170), vom Mutter- zum Tochteruniversum hinüberzuwechseln. Greene (2004, 355 Fußn.) bezweifelt allerdings, ob die dazu erforderliche Dichte je erzeugt werden könnte.

Trotz oder gerade wegen der kühnen Hypothesen bleibt eine beängstigende Fremdheit der Natur mit ihrer Gesetzlichkeit – und gesetzmäßigen Manipulierbarkeit – gegenüber den Wünschen, Hoffnungen und auch inneren Erfahrungen des Menschen. Es genügt, um nur ein Beispiel zu nennen, der Aufprall eines Asteroiden auf die Erde, um alles menschliche Leben wie einst das der Saurier auszulöschen. Vielleicht wird die Menschheit das in Zukunft verhindern können. Oder ein fast punktförmig kleines Schwarzes Loch, von denen es in unserer Galaxie viele geben soll, könnte eines Tages unser Sonnensystem zerreißen und verschlingen – ein kosmisches Memento mori und Memento vivere. Spätestens wenn die Sonne ihr nächstes Stadium als Roter Riese erreicht, muss die Menschheit, wenn sie dann noch existiert, eventuell über »Wurmlöcher«, zu anderen bewohnbaren Planeten oder Monden aufbrechen. Die moderne naturwissenschaftliche Kosmologie kann als Herausforderung immer neuer, erweiterter Horizonte im spirituellen Denken aufgegriffen, angenommen und verarbeitet werden, soll spirituelles Denken nicht schlicht resignieren oder sich in traditionellen Religionen mit ihren Abblendungen und Verleugnungen verschanzen. Die Einheit von Selbst und Sein muss groß genug gedacht werden, um ihre zeitliche Version im indischen Sinn als lila, d.h. Spiel des Seins zu erfahren. Greene (2004, 552f), sonst ein Denker der harten Fakten in der Quantenphysik, schließt sein neuestes Buch mit einem geradezu poetisch zu nennenden

Ausblick. Im Anschluss an seine Erörterungen, wonach die Effekte winziger Quantenfluktuationen unmittelbar nach den Urknall, die die Homogenität des ersten Zustandes aufheben,

> »in klaren Nächten am Himmel zu sehen sind, weil sie durch die kosmische Expansion außerordentlich gedehnt worden sind. So haben sie Klumpen gebildet, die zur Entstehung von Sternen und Galaxien führten (...) Diese Erkenntnis eröffnet den Zugang zur Quantenphysik durch astronomische Beobachtungen. Vielleicht können wir noch einen Schritt weiter gehen. Vielleicht kann die kosmische Expansion auch die Spuren von Prozessen oder Merkmalen auf noch kleineren Skalen dehnen – von Strings, Quantengravitation oder der atomisierten Struktur der ultramikroskopischen Raumzeit selbst – und deren Zeichen unauffällig, aber beobachtbar am Himmel präsentieren. Vielleicht hat das Universum bereits die mikroskopischen Fasern des Stoffes, aus dem der Kosmos ist, auseinander gezogen und klar am Himmel ausgebreitet, so dass wir nur noch lernen müssen, das Muster zu erkennen.«

Und vielleicht wäre das von Greene gerne für die Quantenphysik übergangene Subjekt, als das »große Selbst«, von Anfang an dabei (vgl. Colin McGinn 2001, 190) und erkennt beim Blick zu den Sternen auch noch sich selbst.

Ich schlage deshalb vor, die Kategorie des Anderen auf der pragmatischen Ebene der psychotherapeutischen Praxis und, wenn man so will, auf der Ebene der klassischen Physik und Kosmologie zu belassen. Das Andere ist dem Begriff der Einheit logisch nicht als Fremdes gegenüberzustellen, es ist vielmehr immer ein Teil des Einen, das wir philosophisch mit dem Begriff des Seins bezeichnen.

Für die Psychoanalyse ist aber kritisch anzumerken, dass das »Andere« in Gestalt anderer Kulturen und Philosophien gerade nicht oder nur durch die eigene Brille wahrgenommen wird. Mit Laplanche gilt das auch für die moderne Kosmologie und deren Konsequenzen. Für die hier zu diagnostizierenden Verdrängungen und Verleugnungen besteht vorerst noch keine Chance der Integration in das Bewusstsein.

13. Ambivalenz und Richtungssinn

Der bekannteste Mythos der Antike, zugleich der modernste, ja postmoderne, und keineswegs in der Vergangenheit ruhende ist der Mythos von der Büchse der Pandora. Es scheint fast, als würde erst heute, im Zeitalter des Atoms und des Ausstiegs aus der Atomstromerzeugung, der Genmanipulation, der künstlichen Intelligenz, der »Maschinenwerdung« (Peter Strasser 2004, 143 ff) deutlich, was dieser Mythos erzählt, das heißt, was, im Bild gesprochen, der Büchse der Pandora entweicht.

Die Geschichte von Pandora hat viele Varianten, und es ist notwendig, sich einige zu vergegenwärtigen, um die heutige Problematik im Licht des Mythos zu sehen. Dabei sollte vor Augen treten, warum es überhaupt nützlich ist, in diesen Zusammenhängen »mythisch zu denken«. Das stößt wegen des Missbrauchs des Mythos im Nationalsozialismus auf Kritik und einige Widerstände.

Die bekannteste Variante ist die von Hesiod (zitiert nach Panofski u. Panofski 1992, 18 ff Fußn.). Hier wird von einer komplizierten Göttergeschichte berichtet. Zeus sei zornig gewesen, weil Prometheus den Göttern das Feuer stahl und es den Menschen brachte. In der Tat zeichnet die Beherrschung des Feuers den Menschen aus, kein Affe kann das in dieser Weise. Aus Rachsucht hieß Zeus den Hephaistos, aus Erde und Wasser ein Wesen mit menschlicher Stimme und menschlichem Leben, aber in der Schönheit »den todfreien Göttinnen ähnlich«, zu schaffen. Athene, Aphrodite, Hermes und andere gaben diesem ihre Geschenke mit, Hermes seine betrügerische Art. Sie heißt darum Pandora, die Allbeschenkte, aber auch das »schöne Übel«. So wurde Pandora zu Epimetheus, dem Bruder des Prometheus, gesandt. Epimetheus nahm die Gabe von Zeus an, obwohl ihn sein Bruder gewarnt hatte. In dieser Zeit lebten die Menschen offenbar frei von allen Übeln. Doch jetzt nahm Pandora den Deckel des Vorratsgefäßes mit ihren Gaben darin ab, und die Übel entwichen, die seitdem unter den Menschen umherschweifen. Nur die Hoffnung blieb im Gefäß zurück. War es die menschliche Neugier, die Pandora das Gefäß öffnen ließ? Entließ der wissenschaftlich-technische Forscherdrang des Menschen die heutigen Übel in die Welt?

Nach Babrios und Makedonios, in einer anderen Version, enthielt das Gefäß alle Güter. Bei Öffnung des Gefäßes entflohen sie und kehrten in den Himmel zurück, nur die Hoffnung blieb im Gefäß. Sollte nicht wieder eine Verkehrung im Spiel sein, wie sie uns auch sonst bei den griechischen Mythen begegnet? Wie Sisyphos, ursprünglich wohl der immer wieder auf- und untergehende Sonnengott, zum bestraften Frevler wurde, Ödipus vom Sohn des Meeres im Hierogamos mit der Göttin zum Schuldiggewordenen an Vatermord und Inzest, so wurden die guten Gaben der Götter zur boshaft hinterlistigen Tat des Zeus, an sich selbst vollstreckt letztlich vom Menschen selbst. Die Wendung zum Pessimismus entbehrt nicht der Logik. Sie bildet die *condition humain* getreulich ab. Aber die Version des Babrios scheint überzeugender, ursprünglicher und dem Göttlichen angemessener. Panofski und Panofski schreiben:

»Wir sind mit Schopenhauer und einer nicht unerheblichen Zahl von heutigen Gelehrten der Meinung, dass die 58. Fabel des Babrios, in der der Mensch schlechthin (Anthropos) die Stelle der Pandora eingenommen hat, und das Gefäß eher Segnungen als Übel enthält, deutlicher den Sinn des Mythos wiedergibt als die Fassung, die Hesiod der Nachwelt aufgezwungen hat.« (1992, 19f)

Auch hier ist noch eine pessimistische Wendung zu nennen. Zwar enthält das Gefäß der Pandora Gutes, aber dieses Gute geht der Erde verloren, es bleibt nur die Hoffnung, auch wenn diese nicht mehr als listiger Trug des Zeus konzipiert ist.

Pandora ist dann nicht mehr die Allbeschenkte. Ursprünglich könnte Pandora das sein, was ihr Name sagt, die göttliche Allgeberin. Als Erdgöttin ist sie die Geberin der Pflanzen und Tiere, auch der Tiere des Meeres, die Allernährerin. Dass sie nicht nur Gutes gibt, ist oft bemerkt worden. In patriarchaler Wendung hatte Zeus bei Homer zwei Gefäße, von denen eines die guten Gaben für die Menschen, das zweite die üblen enthielt. Jenseits der Reichweite philologischer Untersuchungen ist es für eine Meditation vorschriftlicher Kulturen plausibel, in Pandora eine Göttin oder letztlich die Göttin, das Göttliche weiblich gedacht zu sehen.

Die Gaben der Gottheit sind, besonders wenn, wie in der Sage von Pandora, Prometheus im Spiel ist, *ambivalent*. »Wohltätig ist des Feuers Macht, wenn es der Mensch bezähmt, bewacht« (Schiller). Hier kommt es auf den Menschen an, der das rechte Maß finden muss, die Linie zwischen den Extremen. Mythologisch ist die ägyptische Göttin Ma'at die Repräsentanz des rechten Maßes. Alle Rollen, die ihr zugeschrieben werden

»entsprechen genau der von W. Westendorf vorgeschlagenen etymologischen Grundbedeutung des Wortes mz't, die er von dem Verbum mz' ›lenken, ausrichten, darbringen‹ ableiten möchte. Wenn mz', nach Westendorfs glücklicher Formulierung, soviel bedeutet wie ›den Dingen eine (und zwar die ›richtige‹) Richtung geben, dann ist Ma'at als Tochter des Sonnengottes die Kraft, die dem Sonnenverlauf seine Richtung gibt. (...) Ma'at ist eine regulative Energie, die das Leben des Menschen zur Eintracht, Gemeinsamkeit und Gerechtigkeit steuert und die kosmischen Kräfte zu Gesetzmäßigkeit ihrer Bahnen, Rhythmen und Wirkungen ausbalanciert.« (Assmann, 1990, 162f)

Mit ihr, besonders im Bild der Waage des Jenseitsgerichts, (auf der nicht gut gegen böse, sondern das Herz gegen die Feder der Ma'at gewogen wurde, also »leicht« sein musste) verbunden ist der paviangestaltige Gott Thoth, der Erfinder der Schrift. Es kann angenommen werden, dass die Ägypter beobachtet haben, wie Affen, tief versunken in ihr Tun, Linien in den Sand zogen, wie wir es heute beim

Affen Aziut oder dem Kapuzineräffchen Pablo gesehen haben (Stein 1993). Die Linie, und dann auch die Mehrzahl der Linien, die Streifen, sind ein frühestes Symbol.

»Der Kamm und der Rechen, die beide Streifen produzieren, symbolisieren diese Ordnungsfunktion sehr genau, die sich in dem Übergang von der Spur zum Zeichen verbirgt. Streifen anzubringen bedeutet, Spuren zu hinterlassen und einen Rang einzuführen, einzuschreiben und zu orientieren, zu kennzeichnen und zu organisieren. Es bedeutet auch, fruchtbar zu machen, denn jegliche Organisation, jegliche Orchestrierung, um einen musikalischen Begriff zu verwenden, ist ein schöpferischer Akt. Kamm, Rechen und Pflug, die alles, was sie berühren, ›bestreifen‹, stehen seit der frühen Antike für Fruchtbarkeit und Reichtum. (…) und wie auch die Schrift: Ordnung des Wissens, fruchtbare Furche des Denkens, ist die Schrift auf ihrem Träger oft nichts anderes als eine lange Abfolge von Streifen.

So versteht man besser, warum im Laufe der Jahrhunderte der abendländische Mensch alles, was mit Unordnung zu tun hatte, mit Streifen belegte. Es ging darum, diese Unordnung zu bezeichnen, sich vor ihr zu schützen, zu warnen, aber auch, sie in eine Ordnung zu bringen, sie zu reinigen oder zu rekonstruieren. Die gestreiften Kleider, die den Narren und Zwangsarbeitern aufgezwungen wurden, sind Gitter, die sie isolieren sollen vom Rest der Gesellschaft, aber zugleich sind sie auch Schutz, Hilfen, um die so Gekleideten wieder auf den ›rechten Weg‹ zu führen, in die ›richtige Bahn‹ zu bringen. Streifen sind nicht die Unordnung; sie kennzeichnen die Unordnung und sind das Mittel zur Wiederherstellung der Ordnung. Streifen sind nicht der Ausschluss; sie kennzeichnen den Ausschluss und sind ein Versuch der Wiedereingliederung. In der mittelalterlichen Gesellschaft waren diejenigen, deren Ausschluss als unwiderruflich galt (zum Beispiel die Heiden), nur in seltensten Fällen gezwungen, gestreifte Kleidung zu tragen. Anders diejenigen, bei denen man auf Sinneswandel hoffte, wie etwa bei den Häretikern und mitunter bei den Juden oder Muslimen; ihnen konnten sie aufgezwungen werden.

Das bedeutet: der Mensch denkt, der Streifen lenkt.« (Pastoureau, 1995, 128)

Es ist ein Stück Mentalitätsgeschichte mit einem Wandel in der Beziehung zu Linien und Streifen zu beschreiben.

Als die Karmeliter unter dem Druck der Muslime den Berg Karmel und das Heilige Land verließen und 1254 mit dem heiligen Ludwig nach missglücktem Kreuzzug in Paris ankamen, entstand für mehrere Jahrzehnte ein Kleiderstreit, denn ihre Gewänder waren gestreift, in ihrer Legende dem Mantel des Propheten Elias nachgebildet und darum für die Karmeliter ein Symbol ihrer Abkunft und Identität, also geheiligt.

»Seit ihrer Ankunft in Paris sind die Karmeliter Opfer von Spötteleien und Beleidigungen von Seiten der Bevölkerung. Man zeigt mit dem Finger auf sie, beschimpft sie, macht sie lächerlich, indem man sie als ›Balkenbrüder‹ bezeichnet, eine besonders abwertende Bezeichnung, denn im Altfranzösischen waren die Balken nicht einfach Streifen, sondern auch Zeichen der unehelichen Geburt (was sich in der Wappensprache erhalten hat). Paris war kein Monopol auf derlei Spötteleien. In den Städten Englands, Italiens, der Provence, des Languedoc, im Rhônetal ebenso wie am Rhein sind die neuangesiedelten Karmeliter auf ähnliche Weise Opfer des Pöbels. Manchmal folgten den Worten Taten, und körperliche Gewalt begleitet die verbale Gewalt.« (Pastoureau 14 f)

Der Balkenmantel, der gestreifte Mantel also, ist das größte Problem.

»Um 1260 nimmt die Erregung darüber in den Städten solche Ausmaße an, dass Papst Alexander IV. die Geistlichen des Karmeliterordens ausdrücklich auffordert, die Streifenmäntel durch einfarbige Mäntel zu ersetzen. Sie weigern sich. Polemiken und Drohungen sind die Folgen. Der Streit verschärft sich und zieht sich hin. Er dauert mehr als ein Vierteljahrhundert, und die Karmeliter geraten mit zehn aufeinander folgenden Päpsten aneinander. Auf dem Ökumenischen Konzil in Lyon 1274 hätte die Unnachgiebigkeit der Karmeliter sogar beinahe ihre Existenz gekostet (…). 1287 endlich beschlossen die Ordensbrüder auf ihrem Generalkapitel in Montpellier am Festtage der heiligen Maria Magdalena, auf den ›Balkenmantel‹ zu verzichten und stattdessen eine weiße Kapuze zu tragen.« (Pastoureau 1995, 15 ff)

Pastoureau nimmt dieses Ereignis zum Auftakt seines reich illustrierten Streifzugs durch die Geschichte und Kunstgeschichte des Streifens. Es bleibt dabei die Frage offen, warum die Streifen durch die christlichen Jahrhunderte hindurch fast ausnahmslos zu Diskriminierung der mit Streifenkleidung dargestellten Personengruppen dienten, fahrendes Volk, Henker, Possenreißer, Clowns, die heutigen Harlekine, Musiker, Gaukler, Prostituierte, Narren, Verrückte. Auch gestreifte Tiere wurden dem Bestiarium des Teufels zugeordnet. Die Streifen galten im christlichen Mittelalter als Schande, in den Augen der gesetzgeberischen Prälaten konnte es nichts Unehrenhafteres geben als vor allem farbenfrohe Streifen. Gewissen Geächteten wurde gestreifte Kleidung vorgeschrieben. Bastarde, Leibeigene, Verurteilte, Leprakranke, Bohemiens, Häretiker, ehebrecherische Frauen, rebellische Söhne (eine Liebesszene im berühmten Rosenroman findet unter einer gestreiften Decke statt), grausame Zwerge, habgierige Diener, sind eben »Balkenmenschen«. Vom 13. Jahrhundert an wird die Liste der gestreift gekleideten »schlechten Menschen« länger und länger (Pastoureau, 1995, 22). »Allein die Erwähnung der Balken reicht aus« (1995, 22). Sogar der heilige Josef, der lange im Abendland wenig angesehen war und im religiösen Theater offen lächerlich gemacht wurde, trug gestreifte Kleidung. Es ist dies ein wenig beachtetes Merkmal des christlichen Mittelalters bis in die Renaissance. Und eine Verkehrung ins Gegenteil sondersgleichen.

Das änderte sich in der Amerikanischen und vor allem in der Französischen Revolution. »Ohne Streifen keine revolutionäre Atmosphäre« (1995, 66). Viele Revolutionäre träumen vom gleichen gestreiften Anzug für alle Bürger. Die Revolutionszeit ist eine wichtige Zeit in der Geschichte der Streifen. »Mit der Französischen Revolution wurden Streifen zum Markenzeichen schlechthin, und das sind sie bis heute geblieben« (1995, 74). Man ist, wenn man Streifen trägt, nicht mehr ein Ausgeschlossener. Dennoch leben die Streifen als vielfältige Bedeutungsträger fort, bis in die Häftlingskleidung der Konzentrationslager. Paradoxerweise gibt es das Umgekehrte, z.B. im Schlafanzug, der die positive Wendung zu Ruhe und Ordnung suggeriert, um vor dem Zugriff des Bösen im Schlaf zu bewahren. Unterwäsche, die im Mittelalter weiß oder ungebleicht, farblos zu sein hatte, wurde im 19. Jahrhundert farbig und gestreift. Wechselnde Moden griffen und greifen ein.

Und schließlich verloren die Streifen weitgehend auch ihre symbolische Bedeutung, ein Schicksal, das sie mit den Symbolen überhaupt teilen. Hatte die Französische Revolution die Göttin Vernunft inthronisiert, so wurde Vernunft dann zur wissenschaftlichen Rationalität. Es muss nun darum gehen, etwas zu beweisen oder zu widerlegen, der wissenschaftliche Methodenzwang treibt den meditativen Geist aus, der aber allein sich dem Problem nähern kann. Als meditative Erkenntnis folgt sie der Linie der Evolution des Selbst, den prähistorischen Liniensymbolen (König, 1973), die bis heute von der Wissenschaft stiefmütterlich bedacht werden. Der intuitive Richtungssinn der Linie kommt innerhalb der Wissenschaften am ehesten bei kreativen Prozessen zum tragen und durchbricht, oft »häretisch«, jeweils hergebrachte zwanghafte Ordnungen (vgl. Stein und Stein 1984/87).

Linien, Streifen, Balken, dann sich kreuzende Linien, Schachbrettmuster, Yantras (Ramachandra Rao, 1988), Rangoli, Kolam, Alipana usw. (Mookerjee 1987, 77), Mandalastrukturen (Tucci 1972) sind grundlegende, oft verschüttete, diskriminierte, immer wieder geschaffene Psychokosmogramme, Ordnungsmuster für die Sinnhaftigkeit von Selbst und Sein. Das Hakenkreuz, Svastika, ein Symbol des Selbst, wurde vom Nationalsozialismus missbraucht. Linientreue ist bis heute ein Wort, das mehr für äußere Zwänge als für innere Richtungen des Selbst steht. Es ist verständlich und bei der langen Dauer dieser Wandlungsprozesse für längere Zeit auch nicht anders zu erwarten, dass solche Symbole an Glaubhaftigkeit verloren haben, um so mehr, als sie heute bei der Werbung psychologisch genutzt werden. Das schließt aber nicht aus, dass die größere Perspektive sich auf die Wiederaneignung alter Symbole auszurichten hat. Wenn wir heute die Entzauberung unserer Welt diagnostizieren oder beklagen, aber anfällig sind für modische Phantasieprodukte, wäre es hilfreich, bei allem notwendigen kritischen Bewusstsein, diesen für unsere Konstitution basalen Symbolen, die auch in der modernen Kunst, z.B. bei Malewitsch, anklingen, mit Achtsamkeit zu begegnen.

Malewitsch's berühmtes auch von Psychoanalytikern fehlgedeutetes Schwarzes Quadrat gilt als »Ikone der Moderne« (Simmen 1998). Als »Protest gegen den Materialismus der Zeit« (1998, 6), als »Idee pur« veranschaulicht es »das platonische Ideal« (1998, 8), verweist ins Visionäre und Transzendente, ist »kein religiöses Werk« (48) im herkömmlichen Sinne, gleichwohl »ein spirituelles Werk« (12) und »ermöglicht (…) höchste Subjektivität« (13). Malewitsch vergleicht es mit »primitiven Strichen (Zeichen) des Urmenschen« (13). In der etwa gleichzeitig 1913 entstandenen Oper von Chlebnikov, Kruchjonych und Matjuschin »Der Sieg über die Sonne«, zu der Malewitsch Bühnenbild und Kostüme geschaffen hatte, heißt es: »Zerschlagen ist die Sonne …/ Es lebe die Dunkelheit/ Und die schwarzen Götter… Die Sonne des eisernen Zeitalters ist gestorben…Von Angesicht sind wir dunkel,/ Unser Licht ist in uns …« (1. Akt, 4. Bild). Aber, so Simmen: »Die Negierung von Licht und Aufklärung, Helle und Rationalität konstituiert das Schwarz positiv, gegen die Tradition. Schwarz versinnbildlicht bei Malewitsch kein wie auch immer geartetes Böses« (1998, 14). Auch für Boris Groys ist Schwarz das Leben, Weiß der Tod.

> »Wo das Schwarze der Schrift zu sehen ist, dort hat der Schriftsteller seine Spuren, die Spuren seiner Existenz hinterlassen – dort hat er gelebt. Wo das Weiße des Papierblatts zu sehen ist, dort war der Schriftsteller immer schon abwesend, tot. Jedes beschriebene Blatt Papier ist also ein Bild, auf dem das Schwarze des Lebens vom Weißen getrennt zu sehen ist« (Groys 1999, 93). »Nun kennen wir aber ein Bild, auf dem das Schwarze en bloc dargestellt wird – und nicht weiterläuft, nicht weiterfließt. Das ›Schwarze Quadrat‹ von Malewitsch gehört mehr in die Geschichte der Schrift als in die Geschichte der Malerei.« (Groys 1999, 93)

Die russischen Futuristen haben versucht, »durch die Aufführung ihrer Oper ›Der Sieg über die Sonne‹ die Sonne zum Erlöschen zu bringen«, und waren sehr traurig darüber, dass die Sonne am nächsten Tag wieder erschienen ist.

> »Es wird erzählt, dass, nach einigen Beratungen über die Gründe für diese Niederlage, man zum Schluss gekommen ist, dass diese Gründe darin liegen, dass die Newa, an deren Ufern, in St. Petersburg, die Oper aufgeführt wurde, kein heiliger Fluss ist, und die Wirkung der Oper deswegen von Anfang an abgeschwächt wurde. Deswegen hat man beim britischen Vizekönig von Indien einen Antrag auf die Wiederholung der Oper an den Ufern des Ganges gestellt, um die Sonne tatsächlich zu beseitigen. Wie man weiter erzählt, war der Vizekönig uneinsichtig – und nach langem Hin und Her hat er den Antrag als bolschewistische Provokation, die der Unterminierung der britischen Herrschaft in Indien dient, abgelehnt. Der passende historische Moment wurde verpasst. Die Sonne blieb weiter scheinend.« (Groys 1999, 95)

Ein Happening? Üble Nachrede? (Für die Persönlichkeit von Malewitsch, »die sich dabei nicht als psychologisches, sondern als ontologisches Individuum bestätigt«, s. I. Karassik in Malewitsch 1991, 192 ff). Das innere Licht, das auch von der Sonnenfinsternis bei der Kreuzigung Christi ausgehen sollte, blieb auf Dauer aus. Aber Künstler lassen nicht locker. Für Soulages war das Schwarz die Farbe der Farben, ja das Licht. »Das Schwarz brachte mir die Inthronisierung des Lichts« (zit. nach Zaunschirm 1999, 220). Für Tapies, der seine Werke mit geheimen Schriftzeichen und starken Linien versah, bedeuteten Dunkelheit und Leere das mystische Licht. Konsequent beschäftigte er sich mit östlichen Lehren (Zaunschirn 1999, 220). Wenn das Schwarze Quadrat in die Tradition von Ikonen oder religiöser Kunst gestellt wird, dann am ehesten in die der Schwarzen Madonnen (Begg 1987). Malewitsch geht jedoch über alle herkömmliche Theologie hinaus, das Schwarz wird »zur Gotteslästerung, erhebt den Menschen in göttliche Position« (Simmen 1998, 32). Hier sind wir wiederum unversehens bei Advaita – und beim Schwarzen Quadrat der indischen Tempelmetaphysik. »Just as Mount Meru, the mythical mountain and axis of the universe according to Hindu belief, rises from a square base, the structure of the temple also rises from a square *vastupurushamandala*« (Champakalakshmi 2001, 13; vgl. Albanese o.J., 118). Purusha ist der kosmische Mensch. »The cosmic man is believed to be identical to the planned site – the *vastumandala*« (Champakalakshmi 2001, 13). »The black square in the centre is Brahmasthana, but Brahma is replaced by Puranic Siva or Vishnu« (Champakalakshmi 2001, 15, Abb.). »According to Ajitagama the shrine to Brahma must be square in shape (chaturasra)« (Ramachandra Rao 1991, 48). Die Tempelarchitektur führt den Hindu von der äußeren Welt sozusagen stufenweise, durch Umfriedungen und Tore (prakara, Ramachandra Rao 1991, 47; 117), zum dunklen, aber von einer Öllampe erhellten sanctum sanctorum, seinem innersten Selbst. Der Priester entzündet daran ein symbolisches Stück Kampfer und zeigt dieses der Gottheit (Parthasarathy 1985, 103 f). Diesen vorpuranischen Brahma, dann aber auch Shiva oder Vishnu meint letztlich als überpersönliches (nirguna) brahman der Atman des Advaita Vedanta. »The Infinite was reduced to square and cube« (…) »The psychoanalysis of cosmic Self« (Aurobindo SABCL 28, 269). Das Schwarze Quadrat als »Keim aller Möglichkeiten« (Malewitsch, 1991, 105) ist der bindu, der Mittelpunkt des Sri Yantra der Inder (Ramachandra Rao 1990b, 104), vgl. auch die Ausführungen über Punkt und Linie bei Malewitsch 1991, 207). Die tibetischen Mönche geben sich mit den Symbolen der Dunkelheit und des inneren Lichts nicht zufrieden, sie praktizieren Yangtik, einen 49-tägigen Aufenthalt in völliger Dunkelheit, nur begleitet von einem Erfahrenen, mit dem der Initiand reden kann. Auch schon in der Bönreligion, dem Vorläufer des tibetischen Buddhismus, der noch in einigen Gegenden fortlebt, wird Yangtik geübt. In Variationen wurde wohl in allen alten Kulturen die Erfahrung der Dunkelheit z.B. in Höhlenkulten als Weg zur spirituellen Verwirklichung genutzt. Der Psychotherapeut Holger Kalweit hat sich in Nepal dieser 49-tägigen Erfahrung mehrfach unterzogen und später daraus eine »Dunkeltherapie« (2004) für westliche Menschen entwickelt.

Austarierte »Ambivalenzfähigkeit«, obwohl mit Recht gegen ein pathologisches Schwarz-Weiß-Denken gewandt und notwendig für eine gesunde Psyche, wird dann nicht ein letztes Ziel von Reife sein können.

Der Richtungssinn ist die Bewegung der Evolution. Evolution, wie komplex auch immer, ist ein lineares Konzept. Die Schrift ist dafür ein künstlerisches Symbol. Es ist eingefügt in größere kosmische Zyklen. Auf dieser Ebene gilt dann: der Weg ist das Ziel oder der Tanz Shivas, Lila, das Spiel des universalen Selbst. Dahinter steht nur noch die Erfahrung der Zeitlosigkeit in der Identitätserfahrung mit Shiva, im Atman gleich Brahman.

14. Ein vorläufiges Nachwort

Religion ist eine Frage der Evolution des Bewusstseins. Religion heißt Rückbindung. Rückbindung an das Eine, aus dem alles entstanden ist und das in aller Vielheit das Eine bleibt. Was hat uns gehindert, von Proligio zu sprechen? Denn das Eine ist auch das Ziel, sofern wir eben in den Religionen ein Ziel als Sinn annehmen. Die konkreten Religionen sind historische Ausformungen auf dem Weg der Evolution. Ebenso die antireligiösen Bewegungen. Auch die verwirrenden Anstrengungen des Begriffs, denen die Philosophie verpflichtet ist, sind hier zu nennen. Und nicht zuletzt die katastrophischen Ereignisse der Geschichte im Gefolge von Ideologien und Fundamentalismen.

Die Kirche sieht sich als Corpus Christi mysticum. Erweitert kann man vom Universum als Corpus Dei mysticum sprechen. Evolution meint dann dieses. Die Wissenschaft hingegen redet von den Schwarzen Löchern als gefräßigen Monstern, wobei sie von schrecklichen Vorstellungen über das Universum ausgeht, in dem wir als Menschen ohnehin sinnlose verlorene Staubkörner sind. Das Gegenbild sieht uns in der Mitte zwischen Strings und der Größe des Kosmos, der von uns berechnet werden kann, etwas philosophischer ausgedrückt, in uns zum Bewusstsein seiner selbst gelangt. Dies freilich nicht nur in den Naturwissenschaften. Das Bewusstsein selbst sieht sich – und das vielleicht oder wahrscheinlich auch in ganz anderen Wesen anderer Planeten oder Monde ganz anderer Räume und Zeiten – nicht nur im Bezug zum Universum, sondern entdeckt und erfährt sich als dieses. Das ist nicht neu, sondern wird seit je so erfahren, aber die Evolution arbeitet es aus. Eine entwickelte Stufe des Bewusstseins ist möglich.

Die kulturelle Fortsetzung der biologischen Evolution hat in der Quantenphysik ein neues Weltbild und eine Bestätigung uralter Erfahrungen gebracht. Auch auf biologischem Gebiet gibt es ein sich wandelndes Verständnis der Evolution. Die Beobachtung z.B., dass das Linsenauge sich ca. siebenmal und unabhängig voneinander bei so verschiedenen Spezies wie Kraken und Wirbeltieren entwickelt hat, führte, zusammen mit anderen ähnlichen Beobachtungen, den Biologen Simon Conway Morris (2003) dazu, in einem spezifischen Gen und schließlich bestimmten Eiweißen den gemeinsamen Grund dafür zu sehen. Generell ist für Conway Morris die Evolution zwar einerseits von der Umwelt, die die entsprechende Anpassung fordert, mitbestimmt, andererseits und grundlegender wird sie von der Chemie soweit determiniert, dass das Leben zwangsläufig auch intelligente Wesen hervorbringt, die auf anderen Planeten so viel anders als wir nicht ausfallen dürften. Es ergibt sich die Frage, ob die Evolution mit Wesen, wie wir es sind, an ein Ende gekommen sein könnte. Aber sollte mit unserer Intelligenz, mit unserer Kultur die Potenz der bereits in den Bakterien chemisch angelegten Höherentwicklung erschöpft sein? Biologen denken vielleicht am Ende zu kurz. Es geht nicht nur um weitere Entwicklung von Intelligenz, Technik und dergleichen, unserer westlichen Hemisphäre im Prinzip geläufige Bereiche, auch nicht um ein oder mehrere Hirnzentren. Wenn im Universum die Entwicklung zu höherem Bewusstsein, und das heißt dann auch Selbstbewusstsein, angelegt ist, dann liegt die alte philosophische Frage nahe, ob es auch angelegt ist, dass das Universum seiner selbst und seines Sinnes bewusst wird, wie es bisher einzelne Menschen, Yogis, visioniert haben und immer noch visionieren. Und das ist nicht abhängig von Abstützungen durch die Wissenschaften.

Die hier gezogene Linie der Evolution wird, wie seit je, auch auf Ablehnung stoßen. Nicht auf lauten Protest; sie wird ignoriert. Der letzte Grund dafür ist die weitgehend unbekannte Erfahrung und die Besitzstandwahrung der historischen Positionen. Zu der Einheitserfahrung des Selbst zu gelangen, mag schwierig und ein langer Weg der Evolution sein, zumal in unserem Kulturkreis. Es gilt aber auch: man braucht sich nur zurückzulehnen. Es ist das Schwierigste, dann aber auch das Einfachste.

Wenn Psychoanalytiker das akzeptieren sollten, werden sie mit Recht auf die mögliche Überdeterminierung hinweisen. Diese als neurotisches Element kann mehr oder weniger stark und maßgebend sein. Deshalb ist Psychoanalyse unerlässlich, sie darf nur nicht reduktionistisch Einheit und Einheitserfahrung generell auf Details etwa der Kindheit zurückführen und schließlich auf eine Kollektivneurose. Die *Déformation professionelle* verleitet dazu, den Blick auf mögliche Neurotizismen eines Autors zu fixieren und darüber nicht wahrzunehmen, was er inhaltlich sagt, worauf er hinweist. Das Neurotische liegt für den Analytiker meist als das Tiefere und eigentlich zu Beachtende, die tiefere Wahrheit, dahinter. Aber, je mehr das wahre Selbst in den Vordergrund der Erfahrung tritt, desto irrelevanter werden die Neurotizismen, die dann vergleichsweise oberflächlich sind.

Es ist den Psychoanalytikern vertraut, dass das Realitätsprinzip, das eigentlich eine Leitvorstellung ist, zu der sie den Analysanden, wenn ich einmal so sagen darf, »erziehen« wollen, entgegen den neurotischen Verzerrungen der Realitätssicht, auch selbst ein Widerstand in der Analyse sein kann. Menschen, die so »realistisch« sind, haben keinen Zugang zu ihren unbewussten ihr Handeln bestimmenden Phantasien, und es ist sehr schwer, ihnen diesen zu vermitteln. Solche Menschen sind oft sehr intelligent und erfolgreich in ihrem Beruf, wenn auch vielleicht nicht gerade kreativ. Die moderne Berufswelt scheint diesen Menschentyp zu benötigen und zu fördern. Es kommt den Analytikern aber kaum in den Sinn, dass sie selbst, wenn es um die in diesem Text behandelten Themen geht, von außen gesehen offensichtlich, eine ähnliche Haltung einnehmen: das zentrale Thema erscheint nicht nur befremdlich, verdächtig und krank, das Selbst, und das heißt doch das Subjekt, so zu verabsolutieren, ist für sie schlicht »unrealistisch«. Realistischer ist es dann schon, die etablierten Religionen zu akzeptieren, schließlich sind sie für bestimmte Feierlichkeiten unentbehrlich. Spitzfindige Spekulationen überlässt man gern den Fachleuten, Theologen und Philosophen.

Eine kurze Bemerkung zur Esoterik scheint hier am Platze. Grundsätzlich sind Esoterik und Exoterik ein Begriffspaar, das ohne jeden abwertenden Beiklang zum Beispiel im Begriff des Esoterischen Buddhismus gebraucht wird. Eine Blütezeit der großen Meister dieser Form des chinesischen Buddhismus lag im 8. Jahrhundert und dürfte die Idee des Borobudur beeinflusst haben. Zu ihnen gehörte ein Japaner namens Kobo Daishi, der die Shingon-Sekte in Japan gründete (Miksic 1991, 22). Dieser Esoterische oder »Geheime Buddhismus« (Goepper 1988) zählt noch heute zu den wichtigsten Strömungen im japanischen Buddhismus. Seine Lehren werden den gewöhnlichen Gläubigen nicht zugänglich gemacht. Immer wenn es in der Geschichte Schulen für Eingeweihte gab, gab es auch die Polarisation von Esoterik und Exoterik. Das Christentum war von Anfang an eine Sache fürs Volk, für Esoterik war eigentlich kein Platz. Mystiker hatten es schwer. Heute ist die »Esoterikszene« ein abgewerteter Bereich von allerlei Lehren und Praktiken, die in die Nähe zum »Kaffeesatzlesen« gerückt werden. Es gibt aber einen Grenzbereich. Advaita Vedanta zählt zu den klassischen Philosophien Indiens, erscheint aber bei uns gelegentlich auf den Regalen, die für modische Esoterik reserviert sind.

Es ist deshalb unerlässlich, etwas zum Begriff eines »wahren Selbst« zu sagen. Winnicott (1965) hat ihn in die psychoanalytische Terminologie eingeführt. Es besteht Grund zu der Annahme, dass die psychoanalytischen Kollegen die Ausführungen Winnicotts dazu nur unzulänglich kennen. Neben der Identifizierung des (kindlichen) wahren Selbst mit der Lebendigkeit schlechthin und dem Verständnis als Gegenbegriff zum klinisch bedeutungsvolleren falschen Selbst, gibt es bei Winnicott Passagen, die sich auf das adoleszente, vor allem aber auf das reife, erwachsene wahre Selbst beziehen:

> »Bei Psychoanalytikern mögen die Vorstellung von einem ›stillen, schweigenden‹ Zentrum der Persönlichkeit und die Vorstellung, dass das primordiale Erlebnis in der Einsamkeit stattfindet, häufig erwähnt werden, aber Analytiker kümmern sich gewöhnlich nicht um diesen Aspekt des Lebens.« (Winnicott 1965, 249)

> »Ich glaube, dass es beim Gesunden einen Kern der Persönlichkeit gibt, der dem wahren Selbst der gespaltenen Persönlichkeit entspricht; ich glaube, dass dieser Kern niemals mit der Welt wahrgenommener Objekte kommuniziert, und dass der Einzelmensch weiß, dass dieser Kern niemals mit der äußeren Realität kommuniziert oder von ihr beeinflusst werden darf. *Dies ist mein Hauptpunkt, die gedankliche Anschauung, die das Zentrum einer intellektuellen Welt und meiner Abhandlung* ist (kursiv von mir, St.). Wenn auch gesunde Menschen kommunizieren und es genießen, so ist doch die andere Tatsache ebenso wahr, dass *jedes Individuum ein Isolierter ist, in ständiger Nicht-Kommunikation, ständig unbekannt, tatsächlich ungefunden* (…). Im Zentrum jeder Person ist ein Element des ›incommunicado‹, das heilig und höchst bewahrenswert ist.« (Winnicott 1965, 245)

»Man kann der Vorstellung Raum geben, dass bedeutsame Kontakt-
aufnahme und bedeutsames Kommunizieren schweigend vor sich geht.«
(Winnicott 1965, 241)

Und Winnicott zitiert Erik Erikson: »Friede kommt aus dem inneren Raum« (Winnicott 1965, 250). Schließlich resümiert Winnicott:

> »Ich habe versucht, klar zu machen, dass wir diesen Aspekt der Gesund-
> heit erkennen müssen: das nicht kommunizierende zentrale Selbst, das auf
> immer gegen das Realitätsprinzip immun ist und auf immer schweigt.
> Hier ist die Kommunikation nicht nonverbal; sie ist, wie die Sphärenmu-
> sik, absolut persönlich. Sie gehört zum Lebendigsein. Und beim Gesun-
> den geht hieraus die Kommunikation ganz natürlich hervor.« (Winnicott
> 1965, 252 f)

Das alles stößt die Tür zu einer meditativen Weltsicht zum mindesten auf. Der Weg
dahinter muss noch begangen werden. Der Begriff eines wahren Selbst stellt die
Psychoanalyse hinein in eine Jahrtausende alte, aber auch ganz moderne geistesge-
schichtliche Entwicklung in Ost und West. Diese Verbindung würde leichtfertig
verspielt, wenn man mit Thomas Auchter (2002, 8) aus sprachlichen Überlegungen
zur Übersetzung Winnicottscher Termini ins Deutsche statt vom wahren Selbst zu
sprechen, was ja ohnehin ein nicht zu strapazierendes Wort ist, die Formulierung
»Stimmiges Selbst« vorziehen würde.
    Zunächst ein Beispiel, das den Ausgang vom primären Lebendigsein nimmt. Es
stammt aus Alt-Ägypten.

> »Nur die *Schönheit*, nicht die *Arbeit* vermag die Sinne des Menschen und
> damit sein inneres Selbst in seinem ganzen Umfang anzuregen und zur Ent-
> faltung zu bringen. Daher sind Feste und Muße, der Genuss des ›Schönen
> Tages‹, die beste, intensivste, verantwortungsvollste Ausnutzung der Zeit.«
> (Assmann 1991, 220)

Unseren Industriellen ist Muße oft ein Fremdwort und vielen schlichten Menschen
ebenso. In Ägypten wurde die ästhetische Inszenierung, das Fest als Therapie gegen
Depressionen genutzt (Assmann 1991, 208), wobei man unsere Vorstellungen von
Festen nicht ohne weiteres auf Ägypten übertragen darf.
    Sodann ein Beispiel aus Indien, das die andere Seite des wahren Selbst bei Winni-
cott beleuchten mag: Shankara, der noch Zugang zu alten Upanishaden hatte, die
heute verloren sind, zitiert eine Passage, in der ein Schüler, Bashkahin, seinen Lehrer, Bahva, bittet, ihn über Brahman zu belehren: »He asked, ›Teach me, sire,‹ and
the other became silent. When he asked a second and a third time, he replied, ›I do
teach you, but you do not realise it. Silent is this Self‹« (Leggett 1978, 21).

Man könnte sagen, die Zitate Winnicotts seien aus dem Zusammenhang gerissen und vor allem, Winnicott habe solche weitreichenden Interpretationen seines Begriffs nicht im Sinn gehabt. Aber die philosophische Ausarbeitung und Präzisierung wird von den zitierten Passagen geradezu gefordert. Dies führt zu Konflikten mit dem mainstream der psychoanalytischen community. Winnicott lag buchstäblich und psychosomatisch die Akzeptanz in der psychoanalytischen community zu sehr »am Herzen«, wie Auchter (2002) Winnicotts letzte Krankheit beschreibt, als dass er die philosophischen Konsequenzen hätte verfechten wollen, selbst wenn er sie gesehen hätte. Solche »Anpassung« ist freilich unter Psychoanalytikern endemisch, sei es, dass sie eine Karriere in der community anstreben, sei es, dass sie in dieser ihre geistige Heimat sehen. Solche Anpassung kann als milde Form eines falschen Selbst im Sinne einer ubiquitären kulturellen Mimesis akzeptiert werden. An die Spiegelneuronen ist zu denken. Für die konkrete therapeutische Situation bedeuten solche Konzepte und Begriffe ohnehin wenig, um so mehr aber, wenn die Psychoanalyse innerhalb einer universellen Weltkultur nicht einen provinziellen Sektenstatus behalten will. Hierzu gibt es Gesprächsansätze mit dem »Anderen«. Und diese lehren nicht nur »wie es ist, ein wahres Selbst zu haben« (Strasser, 2004, 171), sondern, dass wir es *sind,* nur die Erkenntnis hinkt hinterher.

Die Konzepte zu den zwei Funktionsebenen des Gehirns, zur Nichtlokalität und Einheit werden in ihrer Bedeutung für die psychoanalytische Situation, die Beziehung zwischen Analysand und Analytiker neu zu durchdenken sein. Es gibt hier viel zu entdecken, z.B. für die Kreativität als nichtlokalem Erkenntnismodus oder das Erkennen nichtlokaler Transformations- und unbewusster Übertragungsvorgänge durch ein vertieftes meditatives »Quantenbewusstsein«.

Es gibt auch eine »analytische Meditation«, von der der Dalai Lama (2991, 68) schreibt, sie sei »die wirksame Waffe gegen das Negative.« Sie muss ergänzt werden durch »eine konzentrierte, auf einen einzigen Punkt ausgerichtete« Meditation. Und die Einheitserfahrung ändert nicht sofort den ganzen Menschen, sie ist der Anfang davon, zunächst eine Entelechie, ein Programm, aber keine bloße Theorie, der eine Praxis gegenüber stünde.

Ein Wort zum Narzissmus scheint ebenfalls unerlässlich. Der Begriff wurde von Otto Rank als Narzissismus eingeführt, Freud griff ihn auf, wobei er bereits den Titel der Rankschen Arbeit falsch zitierte, als Narzissmus (Stein 1979, 7). Das Wort stammt von der späten griechischen Sage vom Jüngling Narziss, der die Liebe der Nymphe Echo verschmähte, sich statt dessen in sein eigenes Spiegelbild im Wasser verliebte, mit ihm sich zu vereinigen suchte und dabei ertrank. Hinter dieser Geschichte steht ein altes mythisches Bild, das nicht eine pathologische Fehlentwicklung darstellt, sondern eine Daseinsdeutung ist. Es ist der Mensch, der sich, anfangs noch ohne Spiegel, im Wasser selbst erblickt und erkennt. Im Ansatz ist das auch bei Primaten bekannt (Stein 1993). Das Wasser muss klar und ruhig sein, um ein unverzerrtes Bild zu reflektieren. So ist das Bild nicht nur ein Faktum der Evolution, sondern ein Symbol. Die Psyche muss klar und ruhig sein, um meditativ sich als das wahre Selbst zu erkennen – und dieses als identisch mit dem göttlichen Existenzgrund. Die Theologie weiß viel zu sagen davon, dass Gott sich selbst liebt, auch in allen Dingen. So liebt der ursprüngliche Narziss das wahre Selbst, d.h. das Göttliche in sich selbst. Die Griechen haben das nicht mehr verstanden und den Mythos missdeutet. Die Psychoanalyse steht in der Nachfolge dieser Fehldeutung. Aber sie hat die späte pathologische Variante zur Narzissmustheorie weiterentwickelt und differenziert. Konsequent entstand auch eine Psychologie des Selbst, diese blieb aber dem griechischen Irrtum verhaftet, und ist, gemessen an den hier dargelegten Perspektiven, eher eine Variante der Ichpsychologie. Zwar sprach der führende Narzissmustheoretiker Heinz Kohut anfangs von »Formen und Umformungen des Narzissmus« (1966), darunter kosmischem Narzissmus, Humor und Weisheit, doch spielten solche Gedanken in seiner Schule wohl kaum eine Rolle. So sieht Buchholz (2003a, 88) die Psychoanalyse auf dem Weg vom »Trieb« über das »Ich« zum »Selbst« schließlich mit Recht in der Beziehungsanalyse als »Metaphernanalyse« in der »Profession« (2003b) münden, die dann noch von einer Philosophie der Psychoanalyse überschritten werden kann. Es ist hier zu fragen, ob nicht auf diesem Weg die »Abwehr« im Sinne Freuds die (spießbürgerliche) Oberhand gewinnt. Winnicotts Begriff eines wahren Selbst bietet weiterreichende Ansatzpunkte, diese wurden aber von ihm selbst und in der organisierten Psychoanalyse nicht ausgearbeitet, sogar vergessen oder geleugnet. C.G. Jungs Selbstkonzept erscheint halbherzig. Demgegenüber steht als ursprünglicher das philosophisch und religionspsychologisch begründete Konzept eines gnostischen Narzissmus (Stein 1980; 1993) mit ebenfalls der kosmischen, d.h. auf die Einheit des Seins als Bewusstsein bezogenen Dimension. Sie schließt Vielheit ein. Und wird auch in immer neuen Symbolen ausgedrückt. – Die Psychoanalyse hat ein reiches Inventar von Begrifflichkeit, die es nahe legt, die hier vorgetragene Sicht als »Abwehr« zu deuten, wohingegen die psychoanalytische Sichtweise von der hier dargestellten großen Tradition aus gesehen umgekehrt als »Abwehr« erscheinen muss.

Nach so vielen Worten über die Einheit scheint es angebracht zu sagen, dass wir in der Vielheit leben und die umfassende Einheit dann als Hintergrund figuriert, der in Konfliktfällen potentiell und hoffentlich einen hilfreichen Einfluss ausüben kann. Deshalb ist es auch angemessen, zu Gott, zu Heiligen, zu Schutzengeln zu beten. Dennoch ist Vielheit letztlich nicht wahr, und wir finden dort keine Antwort auf die großen Fragen z.B. der Theodizee.

Junge Menschen fühlen sich in der Therapie besser verstanden, wenn der Therapeut ihren Interessensphären nahe steht: Popmusik, gängige Filme, Computer gehören dazu. Wenn junge Menschen, die einer östlichen spirituellen Gruppe verschrieben sind, in die Therapie kommen, bleiben Analytiker zurückhaltend. Wenn nach längerer analytischer Arbeit genuin ein Interesse z.B. am Buddhismus entsteht und zugleich auf der Ebene realer Lebensbewältigung entscheidende Fortschritte zu verzeichnen sind, werden fernöstliche Interessen gesund und akzeptabel erscheinen.

Wenn der Gedanke der Einheit irgendwo, besonders im politischen Bereich, Macht gewinnt, wird es oft gefährlich, denn dann ist es irgendein Detail, das den Einheitsgedanken usurpatorisch für sich in Anspruch nimmt. Das gilt für alle so genannten Fundamentalismen.

Ein humorvolles Beispiel narzisstischen Allmachtsdenkens erzählt von einem afrikanischen Stammesfürsten, der jeden Morgen mit seinem Gefolge den höchsten Berg seines Herrschaftsbereichs erstieg und der Sonne befahl aufzugehen, was sie auch gehorsam tat. Entsprechend war sein Prestige, seine Untertanen mussten um sein Wohlergehen besorgt sein und wohl auch darum, dass er morgens nicht verschlief.

Der chaplineske Humor vergeht uns bei einem Führer mit messianischem Bewusstsein, der die Welt in einen Krieg stürzt und Millionen mit einer pseudorassistischen Ideologie oder »Religion« glaubt, ermorden zu müssen.

Es ist also mit äußerster Sorgfalt darauf zu achten, dass das allumfassende Bewusstsein des »großen Selbst« nicht mit dem persönlichen, kleinen Ich mit seinen Größenwünschen vermengt oder verwechselt wird. Und das auch dort, wo es harmlos erscheinen mag oder im Dienste einer traditionellen Religion auftritt.

Vielleicht ist hier auch noch ein Wort zum Deutschen Idealismus unerlässlich. Anders als die katholische Theologie mit ihrem scholastischen Satz, dass die Gnade die Natur voraussetze, weshalb die heidnische Philosophie des Aristoteles Autorität gewinnen konnte, setzte Luther allein auf den Glauben, verdächtigte den Verstand, gegebenenfalls eine Hure des Satans zu sein, sodass eine gewisse Philosophiefremdheit oder -feindlichkeit noch heute unter protestantischen Theologen, auch solchen, die Psychoanalytiker geworden sind, diagnostiziert werden kann (ersetzen wir den Satan durch die Triebe des Unbewussten, so behält der Satz auch psychoanalytisch für einige Neurosenformen und am Ende für die rationalistische Seite unserer Kultur sein Recht). Um so bemerkenswerter ist die Kantrezeption im protestantischen Tübinger Stift, sei es dass sie zur Stützung des verbindlichen Glaubens herangezogen wurde (so von Storr), sei es dass sie zur »Apostasie« führte (bei Diez »in den Arztberuf«; Henrich 2004, 439). Dietz hat, so Henrich in seinem monumentalen Werk zur Vorgeschichte des Idealismus, »womöglich als erster für die Philosophie eine ›Grundlegung aus dem Ich‹ ins Auge gefasst« (Henrich 2004, 322). Parallel dazu erschien aus Jena »Fichtes These, die Philosophie müsse vom Ich als ihrem Fundament den Ausgang nehmen«, der Diez emphatisch zustimmte (Henrich 2004, 359). Es ist für die Gesprächskultur am Tübinger Stift, aus dem Hegel, Schelling und Hölderlin hervorgingen, beachtlich, welches Gewicht Diez zukam. Der Lehre vom absoluten Ich, der »Ich-Lehre«, galt bald mancher Widerspruch, sofern Fichte »die Lehre von den Gegenständen außer uns bloß im Gebiete des Glaubens zu verweisen« gedachte, Diez aber »in diesen beiden Lehren Grundaufgaben der Philosophie sah« (Henrich 2004, 359; vgl. 403 f). Hatte also die Philosophie das Absolute, das Unbedingte im Ich sehr wohl erfahren (schon in Kants Nachlasswerk »findet sich die Formulierung, dass Gott als ›der innere LebensGeist des Menschen in der Welt‹ zu verstehen sei« (Henrich 2004, 1545)), so schien dieses Ich doch, anders als das Selbstkonzept der indischen Advaita-Lehre, zu begrenzt, um außerhalb des Bewusstseins das »Sein«, das Nicht-Ich also, die Natur zu umfassen. Die materialistische Umkehr durch Karl Marx war damit vorbereitet. Der heutige Vulgärmaterialismus ist dem absoluten Ich ebenso entfremdet, ein solches muss als verdächtig und abstrus erscheinen, wie in einer individualistisch verengten, destruktiven Weise auch verfallen. Es wäre uns wohl einiges erspart geblieben (vom Stalinismus über den Maoismus und Pol Pot bis zum armen Nordkorea mit seiner Atombombe, aber auch die Auswüchse des Kapitalismus, die uns noch bevorstehen), wenn der Idealismus einen weiteren, umfassenderen, tieferen Begriff des Ich oder besser des Selbst hätte entwickeln, erfahren, empfinden können. Vielleicht hätte er so schließlich den »Begriff«, das »Denken« auch noch transzendiert.

Fortgesetzt wurde solche Betonung des »transzendentalen Selbst« als das »Unbedingte«, alles »Bedingende« durch die Romantiker, insbesondere Novalis (Strack 2004, 367). Die Romantiker haben das Fragment in seiner Eigenständigkeit erfunden oder entdeckt. Als Fragment verweist es auf das Vollständige, das Ganze, das selbst also nicht in Erscheinung tritt. Für Novalis verweisen alle Fragmente auf das Zentrum der »Sich-Selbst-Findung« (Novalis, Schriften 2, 420, zit. nach Strack 2004, 358), auf das »transzendentale Selbst« (Strack 2004, 358). In Fortführung dieser Philosophie könnte alles dekohärente Seiende als solches Fragment betrachtet werden, das auf die kohärente Einheit des Seins verweist. Letztlich gilt das auch für die zum Teil fragmentarischen Absätze dieses Textes. Das Fragment blieb für viele Künstler der Moderne wichtig, verlor aber vielfach den transzendentalen Hintergrund.

Dieter Henrich setzt die in der Tradition des Deutschen Idealismus sich verstehende Philosophie des Subjekts unter den geistigen Bedingungen der Moderne fort. Die Philosophie steht dabei in der Nachfolge der Religion:

> »In der christlichen Theologie gibt es die Streitfrage darüber, ob irgendwelche Leben endgültig verloren sind oder ob die allgemeine restitutio ad integrum gilt. In der Theologie bedeutet das, dass auch die sündigsten Leben – sie mögen so fatal verlaufen wie möglich und in verbrecherischer Verwirrung geendet haben – noch auf Erlösung hoffen dürfen. Übersetzt in unseren Zusammenhang stellt sich im selben Sinn die Frage, ob in jedem Leben ein Kern steckt und bleibt, der etwas Definitives und Wahrheitsfähiges ausmacht. Ich neige dazu, sie mit ›ja‹ zu beantworten und also in jedem Leben eine Spur schon verwirklichter restitutio ad integrum anzunehmen.« (Henrich 1999, 202 f)

Diese Sätze sprechen von einer Erfahrung des »Absoluten im Ich«, wobei »der Begriff der Person nur in Verbindung mit nicht auf die Person zu reduzierender

Subjektivität seine eigentliche Bedeutung gewinnt« (1999, 199). Dafür mag gelten, das dem »Religiös-Unmusikalischen« auch solche philosophische Erfahrung unzugänglich ein dürfte. Aber der Gläubige sieht das Absolute im dualistisch verstandenen Gott, in heiligen Schriften, Institutionen, also in der Projektion auf diese. Die scheinbar einzige Alternative dazu ist der Unglaube an Gott und dessen Offenbarungen. Die vorangegangenen Kapitel haben gezeigt, dass das Absolute, wie Henrich schreibt, »unter Verdacht steht« (so auch »Metaphysik«, »das Eine« 1999, 206). In das Ich oder das Selbst hineingesetzt, erscheint es als Hybris. Andererseits konnte das Jesusbewusstsein, das Ana 'l-Haqq des al Halladsch, die indische Atman gleich Brahman-Lehre im Sinne des Absoluten »im Ich« oder »im Selbst«, als das »wahre Selbst« verstanden werden.

In seiner Bemühung, der Moderne gerecht zu werden, will Henrich auch ihren »Materialismus (…) ernst nehmen« (1999, 208). Vielleicht können wir heute den Materialismus, sofern er »selbst eine Metaphysik« (1999, 209f) ist, als historische Etappe der kulturellen Evolution verstehen, von der Quantenphysik aus aber als *eine* Ebene, als die Ebene der dekohärenten Phänomenalität begreifen, hinter der oder worunter die Ebene der quantenphysikalischen Möglichkeiten und Wahrscheinlichkeiten liegt – auch eine physikalische »Realität«, die philosophischer Interpretation bedarf.

Ähnlich wie die Sage von Narziss ist die Geschichte von Ödipus fehlgedeutet. Ödi-pais, der Sohn des schwellenden Meeres vereinigt sich mit Jokaste, der Priesterin der Io, der Göttin des (Ionischen) Meeres, ursprünglich ein Hierosgamos, eine Seinserfahrung, kein »irdischer« Inzest. Freuds genialer Blick auf die Kinderstube und den Wiederholungszwang soll damit für die Therapie nicht geschmälert werden, nur für den Ausgang des Ödipuskomplexes ergeben sich Folgerungen: Löst das Realitätsprinzip alle Symbolik auf? Und das Sphinxrätsel ist mitsamt der Sphinx ägyptischen Ursprungs. Dort ist die Sonne am Morgen ein Kind auf vier Beinen, mittags ein Mann, Re, abends ein Greis, auf den Stock gestützt, auf »drei Beinen«, Atum. Als viertes Wegstück geht die Sonne durch die Nacht, die Unterwelt. Ein griechisches Rätsel spricht von zwei Schwestern, wobei jede der anderen Mutter sei: Tag und Nacht. Die Griechen haben aus dem Sphinxrätsel eine Art Kinderrätsel für den Intellekt gemacht. Ihre Antwort lautete: Es ist der Mensch. Ägyptisch richtig und vollständig muss sie lauten: Es ist der Mensch in der Identitätserfahrung mit dem Sonnensymbol. Die jeden Morgen geborene und jeden Abend sterbende Sonne ist dennoch »unsterblich«. Die »Lösung« des Rätsels geschieht nicht durch den Intellekt allein, nur der Held oder der Heilige bewahrt die Seinserfahrung hinter dem Werden und Vergehen, dem »Stirb und werde« und überwindet damit die Sphinx, das heißt den – nicht verleugneten – Tod, ähnlich wie Sisyphos, Se-sophos. Heute, da man das Sterben der Sonnen vorausberechnen kann, würde man andere Symbole brauchen. Es stimmt nachdenklich, wenn Arthur Drews in seiner berühmten »Christusmythe« im Markusevangelium, das ihm als das ursprünglichste gilt, eine Darstellung des dreifachen Ganges der Sonne durch den Tierkreis, also einen größeren Zyklus, erblickt. Darin wurde später ein Verwurzelung des frühen Christentums in der alexandrinischen Gnosis gesehen (Wagner, 1968, 67 f). Insgesamt hat Europa seine Ursprünge bei den Griechen und in der Bibel, aber auch in Ägypten, also in Nordafrika. Ausdrücklich einbezogen werden muss das frühe Indien, da nicht nur vereinzelte Funde, sondern augenfällige technische und kulturelle Übereinstimmungen bis hin zum minoischen Kreta für einen einheitlichen Kulturraum sprechen (Mode 1963). Das ist meines Erachtens für die Psychoanalyse zu bedenken (vgl. Stein 1986).

Abschließend soll noch ein allgemeineres Wort zur Psychoanalyse gesagt werden. Sie steht heute stark angefochten im Konkurrenzkampf mit anderen Therapieverfahren, vor allem mit der Verhaltenstherapie. Es ist sozusagen nur eine Seite der Psychoanalyse in diese Auseinandersetzung einbezogen, die unmittelbar dem Patienten zugewandte individuelle (und Gruppen-) Therapie. Im Zusammenhang der vorangegangenen Überlegungen ist hingegen die »kulturtheoretische« Seite der Psychoanalyse bedeutsam. Diese bringt vielleicht *auch* ein »therapeutisches« Element in die Reflexion von Geschichte und Gesellschaft ein. Schließlich gilt es da ebenso, »Krankheiten«, ja Wahnsinn »heilen« zu helfen. Dabei ist freilich die Psychoanalyse selbst als Ausdruck und Symptom dieser Gesellschaft, ihrer Geschichte und ihrer »Krankheiten« auf dem Prüfstand (vgl. dazu Gerlach et al. (Hg.) 2004).
Die Erfahrung von Selbst und Sein ist der Rote Faden durch die vorangegangenen Kapitel. Es bleibt die Frage, inwieweit Selbst- und Seinsvergessenheit, um mit Heidegger zu reden, unser »Geschick« sind, aus dem uns »nur ein Gott retten« kann. Aber es wird kein Gott kommen. Die Kirchen kritisierten die mythologische Rede, nicht »ein Gott«, sondern eben Gott und unser endlicher Gehorsam könnten uns »retten«, wenn denn solches vorgesehen sei (die Bibel legt ja eher ein apokalyptisches Ende nahe). Unsere Überlegungen führen zunächst zu einer nicht abwertenden Akzeptanz der Vielheit, die auch, denken wir an die Arbeitsteilung, »Entfremdung« und die weitreichende Verformung des Menschlichen durch die globale Technik, wie Heidegger und fernöstliche Philosophen sie analysiert haben, einschließt. Akzeptanz ist nicht genug. Der Dialog ist notwendig. Dann stellt sich die Frage der Gesprächsfähigkeit. Und die Erfahrung der Einheit hinter allen historischen Fundamentalismen könnte dabei hilfreich sein.

15. Ein Vor-Bild und Ausblick – Auf dem Borobudur

Der Borobudur auf Java ist der größte buddhistische Sakralbau der Welt, er ist um 800 nach Christus erbaut worden und hat die Gestalt eines räumlichen Mandala.

Über einem quadratischen Sockel von 110 x 110m erheben sich fünf abgestufte Plattformen, über denen drei weitere in Kreisform liegen, die von einer Kuppel, einem Stupa, gekrönt werden. Der Borobudur bildet so einen künstlichen Berg von 45m Höhe in Pyramidenform und ist wie die ägyptischen Pyramiden genau nach den Himmelsrichtungen orientiert. Die unteren Etagen sind mit ursprünglich farbigen Reliefs und in die vier Himmelsrichtungen blickenden Buddhastatuen, den Jinas, ausgestattet. Die Reliefs an der untersten Basis sind noch vor Beendigung des Bauwerks aus bautechnischen Gründen, um das Fundament zu verbreitern, wieder und zwar ersatzlos verdeckt worden. Bei den Restaurierungsarbeiten wurden sie kurzfristig freigelegt. Sie zeigen u. a. Höllenstrafen, interessanterweise auch für das Töten von Tieren, für Vogelfänger, für das Kochen von Fischen und Schildkröten, daneben weniger detaillierte Darstellungen der verschiedenen Himmel. Die heute sichtbaren darüberliegenden Reliefs berichten u.a. über frühere Inkarnationen Buddhas (vgl. Cowell 1990–95) und sein Leben. Dort finden sich zum Beispiel zwei Reliefs, die eine frühere Inkarnation Buddhas als Kaninchen zeigen, das seinen Kameraden, einem Schakal, einem Otter und einem Affen, die Bedeutung der edlen Tat lehrt. Gott Sakka, der oberste der Götter, in Gestalt eines Brahmanen, steht vor ihnen. Jedes der Tiere bringt Gaben, das Kaninchen aber, das nichts sonst zu opfern hat, springt auf das Herdfeuer und bringt sich selbst zum Opfer. Die Flammen können ihm allerdings auf Geheiß des Gottes nichts anhaben. Das Symbol von Christus als Opferlamm scheint hier vorweggenommen. Buddha war in früheren Leben auch einmal ein Dieb. So zeigen die Reliefs rückblickend die Verbundenheit des Buddha mit allen Wesen, die notwendige Integration alles Seienden.

Einen unverhältnismäßig großen Raum nehmen die Reihen der obersten Reliefs ein. Sie erzählen die Geschichte eines jungen Mannes, Sudhana, nach einem literarischen Werk Gandavyuha. Sudhana begegnet vielen Lehrern, transzendenten Buddhas wie Manjusri, Vairocana und Maitreya, in dessen Palast die ausführlichen Schlussszenen spielen. Dort trifft er den Bodhisattva Avalokiteshvara, auch den Gott Shiva und verschiedene Göttinnen, zum Beispiel die mit Vajras verzierte Göttin der Nacht. Auf seinem Weg erfährt er ferner Belehrungen durch Frauen, Männer und selbst durch Kinder. Schließlich erscheint ihm Buddha persönlich. Den Gipfelpunkt bildet ein gemeinsamer Eid Sudhanas mit dem Bodhisattva Samantabhadra. Dem Pilger sollte diese Bilderfolge wohl sagen: Auch du bist dieser junge Pilger, nun tue den letzten Schritt, identifiziere dich mit dem Buddha oder dem Bodhisattva. Das Ideal des allen Wesen hilfreich zugewandten Bodhisattva scheint dem Buddhismus des Borobudur besonders wichtig gewesen zu sein. Damit wird der Pilger vorbereitet, die obersten runden Terrassen zu betreten.

Auf diesen runden Terrassen sind keine Reliefs mehr angebracht. Hier stehen, ohne durch eine Brüstung den Blick zu behindern, auf jeder Terrasse ringsum Buddhafiguren, nicht zum zentralen Stupa, sondern nach außen gewandt, jeweils unter einem glockenförmigen Stupa, der rautenförmig bzw. im obersten Kreis quadratisch flechtwerkartig durchbrochen ist, sodass die Buddhafiguren darunter bei näherem Hinsehen erkennbar sind. Die Buddhas dieser Plattformen zeigen die Mudra des Andrehens des Rades der Lehre, was sich auf die erste Predigt Buddhas in Sarnath bei Benares bezieht. Nach Meinung der Mahayana-Buddhisten hat Buddha aber diese erste Predigt auf dem Berg Sumeru, der als Mittelpunkt der Welt gilt, gehalten. Mit dieser Geste wird auch Vairocana dargestellt, der Urbuddha, die Zentralfigur inmitten der Buddhas der vier Himmelsrichtungen. Gautama gilt als Inkarnation Vairocanas. Der zentrale Stupa ist verschlossen, man fand in ihm eine unvollendete Buddhafigur und zweifelt daran, ob diese die ursprüngliche und echte sei.

Der Aufstieg führt nicht, wie bei einem klassischen Labyrinth mit einem Zentrum, spiralförmig nach oben, so dass immer alle Etagen zu durchschreiten wären, um zum Zentrum zu gelangen. Auf den vier Seiten des Bauwerks führen steile Treppen mit hohen Stufen hinauf, seitlich öffnen sich jeweils Tore zu den unteren Etagen, gerade hinauf geht es bis zur oberen Etage, die also auch direkt zu erreichen ist. Vielleicht kann darin ein symbolischer Hinweis darauf gesehen werden, dass es den direkten Weg zur Erleuchtung gibt, was zu jener Zeit gerade vom Esoterischen Buddhismus gelehrt wurde. Auch in Tibet gibt es den »geheimen Tempel« unterhalb des Potala in Lhasa, der früher nur den Dalai Lamas und wenigen anderen allgemein zugänglich war und »den schnellen und direkten Weg zum spirituellen Erwachen« in der Dzogchen Meditation lehrt (Baker 2000, 114), von der der XIV. Dalai Lama sagt, sie sei eine »universelle spirituelle Idee, da es (das Dzogchen) sich nicht auf einen Glauben an ein transzendentes Wesen stützt, sondern auf die direkte Erfahrung einer dem Mensachen innewohnenden ›Göttlichkeit‹, welche über alle kulturellen oder religiösen Grenzen hinausreicht« (Baker 2000, 115). Für die Mehrzahl der Menschen und Pilger, die den Borobudur in früherer Zeit aufsuchten, eventuell dort Hilfe für ihre irdischen Wünsche erhofften, scheinen zunächst die unteren Etagen geschaffen zu sein. Auch sie umrundeten verdienstvoll das Zentrum und empfingen durch die Reliefs hilfreiche Belehrungen. Profanum vulgus dürfte sich bei der Abgelegenheit des Ortes von allen großen Verkehrswegen kaum eingefunden haben.

Die Wissenschaft konnte über weitere archäologische Funde und das Heranziehen erhaltener alter buddhistischer Texte viele Fragen zu Herkunft und Bedeutung der Reliefs klären. Ferner wird angenommen, dass das Lotos-Sutra die ikonographische Quelle für die obersten Terrassen ist. Weitere Quellen des Mahayana und des rechtshändigen Tantra werden zur Deutung herangezogen. Tantrische Übungen hatten sich in Indonesien bereits vor dem Borobudur eingebürgert, Zeremonien mit

Tanz in Bestattungsbezirken und rituellen Liebesakten fanden besonders im östlichen Teil Javas und auf Sumatra, der Nachbarinsel Javas, statt. Im Jahre 1013 reiste ein 31-jähriger Inder namens Atisa, der in Indien eingeweiht worden war, nach Srivijaja auf Sumatra. Er blieb dort zwanzig Jahre bei einem berühmten buddhistischen Lehrer. Im Alter von 56 Jahren wurde er nach Tibet gerufen, wo er unter dem Namen Dipamkara Srijnana bekannt wurde. Man schreibt ihm das Verdienst zu, den tibetischen Buddhismus reformiert zu haben. Atisa soll u.a. auch das Fadenkreuzritual nach Tibet gebracht (Beyer, 1988, 322) oder aus dem Bön-Ritual übernommen haben. Auch das Fadenkreuz, tibetisch mdos, hat Mandalastruktur und wird als Psychokosmogramm verstanden (vgl. Tucci 1972, 30). Der Borobudur vertritt den transzendenten Berg Meru oder Sumeru und dessen irdische Entsprechung, den Berg Kailash in Westtibet, der den Bönanhängern, den Buddhisten, Hindus und Jainas heilig ist, den sie alle auf Wallfahrten umkreisen (Russel Johnson u. Kerry Moran 2001).

Der Borobudur war wohl nur eine kurze Zeit Mittelpunkt buddhistischen Lebens, nach 928 n. Chr. verschwand die höfische Kultur Zentraljavas, und der Borobudur versank, obwohl nie ganz vergessen, in einen tausendjährigen Schlaf. Bei der Wiederentdeckung im 19. Jh. war er von Bäumen überwuchert. Es bedurfte vielfacher Restaurationsbemühungen und schließlich einer gigantischen Anstrengung unter Beihilfe der UNESCO, um den Borobudur im heutigen Zustand den Touristen zu öffnen. Heute ist der Borobudur eines der am besten erhaltenen Denkmäler der Welt und zugleich eines der beliebtesten.

Die Wiederentdeckung und Wiedergewinnung des Borobudur fand in charakteristischen Stufen statt. Im 19. Jahrhundert zum Beispiel war auf der Spitze des obersten Stupa ein kleines Teehaus errichtet worden. So verdienstvoll die Wiedergewinnungsarbeit auch war, so zeigte sie sich dem Geiste dieses Bauwerks zunächst wenig angemessen. Es ist für unsere Zeit immerhin bemerkenswert, dass sie keine finanziellen Mittel gescheut hat, dieses Bauwerk der Menschheit zurückzugeben. Heute, da mehr als eine Million Menschen jährlich die Stätte besucht, wird deutlich, dass jetzt eine innere Ausgrabungs- und Wiedergewinnungsarbeit zu leisten ansteht.

Das Gleiche gilt für das von der UNESCO auf die Liste der zu erhaltenden Weltkulturdenkmäler gesetzte Angkor, wobei der Bayon mit seinen großen geheimnisvollen, lächelnden, in die vier Himmelsrichtungen gewandten Gesichtern nicht übergangen werden sollte, und viele andere Werke vergessener Hochkulturen. Ihre Wiederentdeckung schuf die Möglichkeit für »ein neues Weltbild«, das »zum erstenmal die ganze Menschheit und ihre ganze Vergangenheit umfasste« (Hürlimann in Wening 1965, 7).

Innere Wiedergewinnungsarbeit verweist im engeren Sinn auf die Lehre Buddhas, hier genauer auf das Mahayana und Tantrayana. Die Keimstätten des tibetischen Exilbuddhismus in der westlichen Welt sind aber auch ein darüber hinausweisendes Paradigma für die westliche Kultur und ihre Religionen und Philosophien. Die Wendung nach innen, zum inneren Weg nach oben, ist nicht notwendig gebunden an kulturell festgelegten Formen. Die Ebene der Formlosigkeit im Buddhismus kann auch auf eine jeder Kultur eigene Weise gewonnen werden, das »Geläut der Stille« (Heidegger, 1959, 30) wird auf den oberen Plattformen des Borobudur augenfällig ins Bewusstsein gerufen.

Der Buddhismus ist streng genommen keine theistische Religion, obwohl er in Indonesien, das nur die an einen obersten Gott glaubenden Religionen als verfassungsmäßig anerkennt, akzeptiert ist. Das personhafte Moment wird aber – wie im Hinduismus durch die vier Gottheiten in den Himmelsrichtungen mit einer zentralen Gottheit, »Panchayatana« (Ramachandra Rao 1991, 13f), und ähnlich im Jainismus durch die fünf Gruppen von »supremely adorables« (Ramachandra Rao 1991, 3) – durch die vier transzendenten Buddhas und Vairocana als fünften in der Mitte repräsentiert. Umgekehrt gilt im Hinduismus Balis Acintya, der Undenkbare, als oberste Gottheit, wie er in der Gerichtshalle Kertho Gosa von Klungkung auf Bali dargestellt ist (Pucci 1992, Abb. 173 u. 192/193). Mag die Dogmatik sich also unterscheiden, die meditativen Bilder sprechen eine nahezu identische Sprache – und weisen über sich hinaus. Gott wohnt stets in »unzugänglichem Licht« (1. Tim. 6, 16), der Begriff des buddhistischen Nirwana scheint dafür angemessen. Folgen wir dem Diamant-Sutra, so ist es buddhistisch ebenso falsch, an ein »Universalselbst« zu glauben, wie nicht daran zu glauben (vgl. Stein 1979, 73). Das Absolute übersteigt alle Konzepte, aber auch deren bloße Verneinung. Es wäre gleichwohl wiederum falsch, deshalb die Immanenz des Göttlichen entschwinden zu sehen. Die Inkarnation des Göttlichen ist nicht nur christliches Dogma, sie gehört in jeweils anderer Symbolik zum religiösen Grundbestand der Völker, in einer universellen Gnosis (Tucci 1972, 78). In ihr wurzelt das Bodhisattvaideal des Buddhismus ebenso wie letztlich eine spirituell sich verstehende Psychotherapie. Tucci (1972) hat auf die allen indischen Religionen gemeinsame Mandala-Symbolik hingewiesen (vgl. Brauen 1972; Argüelles 1974), die in Europa durch C.G. Jung bekannt und für die Psychotherapie nutzbar gemacht wurde.

> »Im Buddhismus hat die Übereinstimmung von Makrokosmos und Mikrokosmos das fünffache Schema beeinflusst. Die fünf Buddhas sind keine göttlichen Gestalten, die im fernen Himmel wohnen. Sie steigen herab zu uns. Der Kosmos bin ich selbst. Die Buddhas sind in mir, ebenso wie in mir ein geheimnisvolles kosmisches Licht gegenwärtig ist, auch wenn durch Irrtum verdeckt.« (Tucci 1972, 55)

Einer der schönsten Buddhaköpfe im Museum Guimet in Paris ist gar kein Buddha, sondern der große tolerante König von Angkor Vat und der alten Stadt Angkor Thom mit dem Zentraltempel Bayon, Jajavarman VII, in der innerlichen Identität mit dem Buddhabewusstsein. Der Buddhismus zelebriert schließlich die Vergänglichkeit des Mandala, die Auflösung im großen Strom des Seins, letztlich im unvergänglichen Licht, im Nicht-Bild.

146

Der Borobudur symbolisiert die Verborgenheit des innersten Zentrums. Das wird uns überwältigend deutlich, wenn uns die unser Bewusstsein beherrschenden Mächte der Wissenschaft, Technik, Wirtschaft, Industrie alles in dieser Arbeit Ausgeführte als weltfremd erscheinen lassen. Ein Welt-Ethos als gemeinsamer Grund der Religionen und auch noch für »Religiös Unmusikalische« wäre nicht weltfremd. Wenn der Gott der drei großen Religionen uns nicht ganz so weltfremd erscheint, wie etwa ein tibetischer Mönch, der womöglich jahrelang in vollkommener Dunkelheit lebt, dann deshalb, weil die Kirchen und christliche Parteien, dazu der militante Islam, eine gesellschaftliche Macht repräsentieren. Wenn aber der Quantenphysiker Malin mit seinem Bezug auf Plotin und der »Lenkung des Universums (durch) Kontemplation« (2003, 410) Recht hat, dann tut dieser Mönch vielleicht gerade das Wichtigste für die Welt und das »Wohlergehen des gesamten Universums« (Malin 2003, 425).

Der Borobudur symbolisiert den direkten Weg zum Zentrum und in den nach außen gewandten Buddhas die Zuwendung zur Welt.

Psychiater, Psychotherapeuten und Psychoanalytiker sind auch in diesem symbolisierten Sinn zuständig für den Wahnsinn, nicht nur für den nosologisch abgegrenzten, mit Psychopharmaka zu behandelnden und nicht nur für individuelle neurotische Störungen, so im Prinzip sah es Freud. Gemeint ist der Wahnsinn der Kulturen mit ihren Religionen oder Areligositäten, mit ihren nicht enden wollenden Kriegen, Fanatismen, Umweltzerstörungen. Das betrifft alle. Das Advaita-Bewusstsein könnte hier auch politisch eingreifen. Wenn Advaita letztlich, wie oben gesagt, eine Sache für wenige ist, so gibt es doch Stufen. Schon der schlichte, unverengte, Orientierung gebende Einheitsgedanke ist hilfreich gegen Egoismen und Fanatismen. Auch eine Demokratie kann an den partikulären Gruppen- und Individualinteressen wirtschaftlich, sozial und schließlich politisch scheitern. Der Text ist nicht geschrieben für Menschen, die in ihrer traditionellen Religion Frieden gefunden haben und solchen Frieden weitergeben. Er ist geschrieben für die, die mit den traditionellen Religionen in innere Schwierigkeiten geraten sind, und dann in unserer Kultur nahezu unausweichlich über ein verwaschenes Gottesbild dem Agnostizismus und Atheismus, oberflächlichem Hedonismus, Aktionismus oder suizidaler Verzweiflung anheim fallen. Wir brauchen eine Ontologie, die mehr ist als westlich akademische Wissenschaft, aber Wissenschaft »zur Seite« hat, so wie die praktizierte Psychoanalyse, d. h. Psychoanalyse als Profession, ihre eigene und jede andere Wissenschaft »zur Seite« hat, deshalb »mehr« ist als Wissenschaft und auf solche Weise hilfreich.

Literatur

Adam, A. (1959): Die Psalmen des Thomas und das Perlenlied als Zeugnisse vorchristlicher Gnosis. Berlin (Töpelmann)

Ades, D. (2004): Dalí. Venedig (Palazzo Grassi. Bompiani)

Adorno, Th. W. (1962): Minima Moralia. Frankfurt M. (Suhrkamp)

Albanese, M. (o.J.): Das antike Indien. Von den Ursprüngen bis zum 13. Jahrhundert. Köln (Karl Müller)

Anandamayi Ma (1980): Worte der glückseligen Mutter. Heiligkreuzsteinach (Mangalam)

(Anonymus) (2003): Liber de causis. Das Buch von den Ursachen. Lateinisch-Deutsch. Einleitung von R. Schönberger, Übersetzung etc. von A. Schönfeld. Hamburg (Meiner)

Argüelles, J. und M. Argüelles. (1974): Das große Mandala-Buch. Freiburg i.Br. (Aurum)

Assmann, J. (1990): MA'AT. Gerechtigkeit und Unsterblichkeit im Alten Ägypten. München (Beck)

– (1991): Stein und Zeit. Mensch und Gesellschaft im alten Ägypten. München (Fink)

– (1996): Ägypten. Eine Sinngeschichte. München Wien (Hanser)

– (1998): Moses der Ägypter. Entzifferung einer Gedächtnisspur. Darmstadt (Wissenschaftliche Buchgesellschaft)

– (2003): Die Mosaische Unterscheidung oder der Preis des Monotheismus. München Wien (Hanser)

– (2004): Ägyptische Geheimnisse. München (Fink)

– (2005): Theologie und Weisheit im alten Ägypten. München (Fink)

Auchter, Th. (2002): Winnicott – oder die Sehnsucht, wirklich lebendig zu werden. In: Luzifer Amor 30, 7–77

Aurobindo, Sri (1972): Sri Aurobindo Birth Centenary Library (SABCL). Pondicherry

Avalon, A. (Sir John Woodroffe) (1961): Die Schlangenkraft. Die Entfaltung der schöpferischen Kräfte im Menschen. Weilheim (O.W. Barth)

Baker, J. (2000): Der geheime Tempel in Tibet. Eine mystische Reise in die Welt des Tantra. München (Bucher)

Balint, M. (1959): Angstlust und Regression. Beitrag zu einer psychoanalytischen Typenlehre. Stuttgart (Klett)

– (1960): Primärer Narzissmus, primäre Liebe. In: Jahrbuch der Psychoanalyse. Köln und Opladen (Westdeutscher Verlag)

– (1970): Therapeutische Aspekte der Regression. Die Therapie der Grundstörung. Stuttgart (Klett)

Barrow. John D. (2001): Die Entdeckung des Unmöglichen. Forschung an den Grenzen des Wissens. Heidelberg Berlin (Spektrum Akademischer Verlag)

– (2004): Das 1x1 des Universums. Neue Erkenntnisse über die Naturkonstanten. Frankfurt M. New York (Campus)

Bauer, J. (2005): Warum ich fühle, was du fühlst. Intuitive Kommunikation und das Geheimnis der Spiegelneurone. Hamburg (Hoffmann und Campe)

Beckermann, A. (2005): Neuronale Determiniertheit und Freiheit. Information Philosophie 2, 7–18

Begg, E. (1987): Die unheilige Jungfrau. Das Rätsel der Schwarzen Madonna. Bad Münstereifel und Trilla (Edition Tramontane)

Beidler, W. (1975): The Vision of Self in early Vedanta. Delhi Patna Varanasi (Motilal Banarsidass)

Beierwaltes, W. (1985): Denken des Einen. Studien zur neuplatonischen Philosophie und ihrer Wirkungsgeschichte. Frankfurt M. (Klostermann)

– (2001): Das wahre Selbst. Studien zu Plotins Begriff des Geistes und des Einen. Frankfurt M. (Klostermann)

Berkéwicz, U. (2004): Vielleicht werden wir ja verrückt. Eine Orientierung in vergleichendem Fanatismus. Frankfurt M. (Suhrkamp)

Bestenreiner, F. (1988): Der phantastische Spiegel. Quanten, Quarks, Chaos oder Vom Trost, der aus der Formel kommt. München (Moos & Partner)

Beyer, St. (1988): Magic and Ritual in Tibet. The Cult of Tara. Delhi (Motilal Banarsidass)

Bharati, A. (1977): Die Tantra-Tradition. Freiburg i.Br. (Aurum)

Bignasca, A., P. Blome, M. T. Jenny, van der Meijden u. I. Zanoni (2002): Orient, Zypern und frühes Griechenland. Basel (Antikenmuseum und Museum Ludwig)

Bonn, G. (1986): Angkor. Toleranz in Stein. Köln (DuMont)

Brauen, M. (1992): Das Mandala. Der Heilige Kreis im tantrischen Buddhismus. Köln (DuMont)

Brüll, L. (1993): Die japanische Philosophie. Eine Einführung. 2. Aufl. Darmstadt (Wissenschaftliche Buchgesellschaft)

Buber, M. (1954): Die Schriften über das dialogische Prinzip. Heidelberg (Lambert Schneider)

Buchholz, M.B.B. (Hg.) (1993): Metaphernanalyse. Göttingen (Vandenhoeck & Ruprecht)

– (1996): Metaphern der Kur. Eine qualitative Studie zum psychoanalytischen Prozess. Opladen (Westdeutscher Verlag)

– (1997): Psychoanalytische Professionalität. Andere Anmerkungen zu Graves Herausforderung. In: Forum der Psychoanalyse 13, 75–93

– (1999): Psychoanalyse als Profession. Gießen (Psychosozial-Verlag)

– (2000): Effizienz oder Qualität? In: Forum der Psychoanalyse 16, 59–80

– (2001): Lehren aus der Psychoanalyse. In: Forum der Psychoanalyse 17, 271–286

– (2003a): Relationen und Konvergenzen – neue Perspektiven der Psychoanalyse. In: Psychotherapeutenjournal 2, 87–96

–   (2003b): Neue Assoziationen. Psychoanalytische Lockerungsübungen. Giessen (Psychosozial-Verlag)

–   (2005): Der Körper in der Sprache. Begegnungen zwischen Psychoanalyse und kognitiver Linguistik. In: Fischer, Eine Rose ist eine Rose... S. 167–197

Buchner, H. (1989): Japan und Heidegger. Gedenkschrift der Stadt Meßkirch zum hundertsten Geburtstag Martin Heideggers. Sigmaringen (Jan Thorbecke)

Buri, F. (1982): Der Buddha-Christus als der Herr des wahren Selbst. Die Religionsphilosophie der Kyoto-Schule und das Christentum. Bern, Stuttgart (Haupt)

Burkert, W. (2003): Die Griechen und der Orient. München (Beck)

Camman, Klaus (2005): Grundlegende Probleme der Gegenwartsphilosophie und die Philosophie der Inder. Paderborn (mentis)

Champakalakshmi, R. (2002): The Hindu Temple. New Delhi (Roli Books)

Cysarz, D., D. v. Bonin, H. Lackner, P. Heusser, M. Moser, H. Bettermann (2004): Oscillations of heart rate and respiration synchronize during poetry recitation. In: American Journal of Physiology – Heart and Circulatory Physiology, Vol. 287 (2), H 579–H 587

Dalai Lama (2002): Der Pfad des Glücks. Erfülltes Leben durch Bewusstseinsänderung. Freiburg i. Br. (Herder)

Davies, P. (1996): Die letzten drei Minuten. Das Ende des Universums. München (Bertelsmann)

Daxelmüller, Chr. (2001): »Süße Nägel der Passion«. Die Geschichte der Selbstkreuzigungen von Franz von Assisi bis heute. Düsseldorf (Patmos)

Denon, V. (1802): Planches du Voyage dans la Basse et la Haute Egypte pendant les Campagnes du General Bonaparte. Paris (Imprimerie de Didot l'Aine, au Palais des Sciences et Arts)

Deussen, P. (1963): Sechzig Upanishad's des Veda. Darmstadt (Wissenschaftliche Buchgesellschaft)

Diehls, H. (1957): Die Fragmente der Vorsokratiker. Hamburg (Rowohlt)

Dowson, J. (1973): A Classical Dictionary of Hindu Mythology and Religion, Geography, History and Literature. New Delhi (Oriental Books Reprint Corporation)

Eck, D. L. (1989): Banaras. Stadt des Lichts. Frankfurt M. (Insel)

Eckehart, Meister (1963): Deutsche Predigten und Traktate. Herausg. und übersetzt von J. Quint. München (Hanser)

Eisele, P. (1980): Babylon. Pfote der Götter und Große Hure. Bern und München (Scherz)

Egli, H. (1982): Das Schlangensymbol. Geschichte Märchen Mythos. Olten Freiburg i. Br. (Walter)

Elberfeld, R. (2004): Philosophie in Japan – Japanische Philosophie. Geschichtsphilosophische Perspektiven des 20. Jahrhunderts. In: Polylog. Zeitschrift für interkulturelles Philosophieren. 10, 11, 2004, S. 51–64

Eliach, Y. (1985): Träume vom Überleben. Chassidische Geschichten aus dem 20. Jahrhundert. Freiburg i.Br. (Herder)

Esposito, John L. (2004): Von Kopftuch bis Scharia. Leipzig (Reclam)

Feynman, R. P. (1985): QED. Die seltsame Theorie des Lichts und der Materie. München (Piper) 8. Aufl. 2002

Fichte, J.G. (1996): Ausgewählt und vorgestellt von G. Schulte. München (Diederichs)

Fischer, H.R. (2005): Eine Rose ist eine Rose… Zur Rolle und Funktion von Metaphern in Wissenschaft und Therapie. Weilerswist (Velbrück Wissenschaft)

Foerster, W., E. Haenchen und M. Krause (1969): Die Gnosis. Erster Band. Zeugnisse der Kirchenväter. Zürich Stuttgart (Artemis)

Franz, E. (2004): Kunstwerk des Monats im Januar 2004 (Aurélie Nemours) Münster (Westfälisches Landesmuseum für Kunst und Kulturgeschichte) *http://www.lwl.org/LWL/Kultur/Landesmuseum/kdm/moderne/2003_/ 2004_01/index2_html*

Freud, S. (1921): Psychoanalyse und Telepathie. GW XVII, S. 25–44

– (1933): Neue Folge der Vorlesungen zur Einführung in die Psychoanalyse. GW XV

Friedel, Helmut (1996): Michelangelo Pistoletto. Memoria Intelligentia Praevidentia. München (Lenbachhaus 27.03.–23.06.96. Cantz)

Gadamer, H.-G. (1986–1995): Gesammelte Werke. Tübingen (Mohr)

Gardiner, A. (1978): Egyptian grammar. Oxford (Griffith Institute)

Gardner, H. (1996): So genial wie Einstein. Schlüssel zum kreativen Denken. Stuttgart (Klett-Cotta)

Gerlach, A., A.-M. Schlösser und A. Springer (2004): Psychoanalyse des Glaubens. Giessen (Psychosozial-Verlag)

Godard, A. (1964): Die Kunst des Iran. Berlin Grunewald (Herbig/Kahnert)

Görnitz, Th. (1999): Quanten sind anders. Die verborgene Einheit der Welt. Heidelberg Basel (Spektrum Akademischer Verlag)

Görnitz, Th. und B. Görnitz (2002): Der kreative Kosmos. Geist und Materie aus Information. Heidelberg Berlin (Spektrum Akademischer Verlag)

Goswami, A. (2002): Das bewusste Universum. Wie Bewusstsein die materielle Welt erschafft. 3. Aufl. Stuttgart (Lüchow)

Greene, B. (2004): Der Stoff, aus dem der Kosmos ist. Raum, Zeit und die Beschaffenheit der Wirklichkeit. München (Siedler)

Groys, B. (1999): S/W. In: Zaunschirm, Th. (Hrg.) (1999): Die Farben Schwarz. Wien (Springer), S.93–96

Haenchen, E. (1961): Die Botschaft des Thomasevangeliums. Berlin (Töpelmann)

Hartsuiker, D. (1993): Sadhus. Holy men of India. London (Thames and Hudson)

Heidegger, M. (1958): Sein und Zeit. Tübingen (Niemeyer)

– (1959): Unterwegs zur Sprache. Pfullingen (Neske)

Heisterkamp, G. (1999):Zur Freude in der psychoanalytischen Therapie. In: Psyche 53, 1247–1265

Helg, F. (2000): Psychotherapie und Spiritualität. Östliche und westliche Wege zum Selbst. Düsseldorf Zürich (Walter)

Henrich, D. (Hg.) (1985): All-Einheit. Wege eines Gedankens in Ost und West. Stuttgart (Klett-Cotta)

– (1999): Bewusstes Leben. Stuttgart (Reclam)

– (2004): Grundlegung aus dem Ich. Untersuchungen zur Vorgeschichte des Idealismus Tübingen – Jena (1790–1794). Frankfurt am Main (Suhrkamp)

Herzog, Samuel (2005): Strenge Formen. Zum Tod der Malerin Aurélie Nemours. Neue Zürcher Zeitung Nr. 29. 04.02.2005, S. 45

Hölderlin, F. (1992): Sämtliche Werke und Briefe. München (Hanser)

Hübner, K. (1985): Die Wahrheit des Mythos. München (Beck)

Jäger, W. (2000): Die Welle ist das Meer. Mystische Spiritualität. Freiburg i. Br. (Herder)

– (2003): Aufbruch in ein neues Land. Erfahrungen eines spirituellen Lebens. Freiburg i. Br. (Herder)

– (2004): Wiederkehr der Mystik. Freiburg i. Br. (Herder)

Jaffé, H.L.C. (1971): Piet Mondrian. Köln (DuMont)

Jeck, U.R. (2004): Platonica orientalia. Frankfurt M (Klostermann)

Johnson, R. u. K. Moran (2001): Der heilige Berg. Tibets Kailash. München (Bruckmann)

Kalweit, H. (2004): Dunkeltherapie. Die Vision des inneren Lichts. Burgrain (Koha)

Kertesz, I. (1999a): Eine Gedankenlänge Stille, während das Erschießungskommando neu lädt. Essays. Reinbek bei Hamburg (Rowohlt)

– (1999b): Roman eines Schicksalslosen. Hamburg (Rowohlt)

Knohl, J. (2001): Der vergessene Messias. Der Mann, der Jesu Vorbild war. München (Ullstein)

König, M.E.P. (1973): Am Anfang der Kultur. Die Zeichensprache des frühen Menschen. Berlin (Gebr. Mann)

Kohut, H. (1966): Formen und Umformungen des Narzissmus. In: Psyche 20, 561ff

– (1973): Narzissmus. Frankfurt M. (Suhrkamp)

Der Koran. Übersetzung von Rudi Paret (1979). Stuttgart Berlin Köln Mainz (Kohlhammer)

Krishna, G. (1968): Kundalini. Erweckung der geistigen Kraft im Menschen. Weilheim (O.W. Barth)

Krochmalnik, D. (1999): Das Geheimnis der Erlösung heißt Erinnerung. In: Der Landesverband der israelit. Kultusgemeinden in Bayern 14, Nr. 79, 12

– (2000): Schriftauslegung. – Das Buch Exodus im Judentum. In: Dohmen, Chr. (Hrg.): Neuer Stuttgarter Kommentar. Altes Testament. Bd. 33, 3. Stuttgart (Katholisches Bibelwerk)

Kuhn, Th. (1993): Die Struktur wissenschaftlicher Revolutionen. Frankfurt M. (Suhrkamp)

Laplanche, J. (1996): Die unvollendete kopernikanische Revolution in der Psychoanalyse. Frankfurt M. (Fischer)

Leggett, T. (1978): The chapter of the self. London (Routledge & Kegan Paul)

Lehmann, J. (1989): Moses. Der Mann aus Ägypten. Hamburg (Hoffman und Campe. Pattloch)

Lemoine, Serge (1992): Pastels d'Aurélie Nemours. Zürich (Offizin Zürich Verlag / Galerie Schlégl)

Lerch, W.G. (2004): Der Islam in der Moderne. Aspekte einer Weltreligion. München (Allitera Verlag)

Liebert, Wolf-Andreas (2005): Metaphern als Handlungsmuster der Welterzeugung. In: Fischer (2005): Eine Rose ist eine Rose... S. 207–233

Lotos-Sutra (1992): Gerlingen (Lambert Schneider)

Lurker, M. (1974): Götter und Symbole der alten Ägypter. Bern München Wien (Scherz/O.W. Barth)

Luxenberg, Chr. (2000): Die syro-aramäische Lesart des Koran. Ein Beitrag zur Entschlüsselung der Koransprache. Berlin (Das Arabische Buch)

Magueijo, J. (2003): Schneller als die Lichtgeschwindigkeit. Der Entwurf einer neuen Kosmologie. München (Bertelsmann)

Malewitsch, K. (1991): Malewitsch, Künstler und Theoretiker. Hrg. Von G. Demosfenowa. Weingarten (Kunstverlag Weingarten)

Malin, S. (2003): Dr. Bertlmanns Socken. Wie die Quantenphysik unser Weltbild verändert. Leipzig (Reclam)

Mani, V. (1975): Puranic Encyclopedia. Delhi Varanasi Patna Madras (Motilal Banarsidass)

Maruyama Masao (1988): Denken in Japan. Frankfurt am Main (Suhrkamp)

McGinn, C. (2001): Bewusstsein und Raum. In: Th. Metzinger (Hrg.) Bewusstsein. Beiträge zur Gegenwartsphilosophie. Paderborn (Mentis), S. 183–200

Meddeb, A. (2002): Die Krankheit des Islam. Heidelberg (Wunderhorn)

Medhananda u. Y. Artaud (1991): Der Weg des Horus. Fellbach (Bonz)

Medhananda (2003): Guardians of Oneness and other tales from Equals One. Pondicherry (Sri Mira Trust)

– (2003): The Way out is the Up and other stories from Equals One. Pondicherry (Sri Mira Trust)

Messer, Thomas M. (1993): Antoni Tapies. Frankfurt M. (Schirn Kunsthalle)

Michaels, A. (1998): Der Hinduismus. Geschichte und Gegenwart. München (Beck)

Michel, E. (1946): Der Partner Gottes. Weisungen zum christlichen Selbstverständnis. Heidelberg (Lambert Schneider)

– (1948): Ehe. Eine Anthropologie der Geschlechtsgemeinschaft. Stuttgart (Klett)

Miersch, M. (2003): Intelligenztest für Bestien. In: Die Zeit Nr. 47, 13.11.03, S. 33F

Miksic, J. (1991): Borobudur. Das Pantheon Indonesiens. München (Prestel)

Mode, H. (1963): Das frühe Indien. 2. Aufl. Stuttgart (Cotta)

Mookerjee, A. (1987): Rituelle Kunst Indiens. München (Kösel)

Müller, E. (2004): Rehabilitation der Sünde. Der Grundriss der Schöpfung. Neue Perspektiven im Schnittfeld von Quantentheorie und Schöpfungstheologie. Stuttgart (Radius)

Muralt, R. v. (1973): Meditations-Sutras des Mahayana-Buddhismus. Bd. 1 Zürich (Origo) Isis (Oberhain)

Newberg, A., E. d'Aquili und V. Rause (2004): Der gedachte Gott. Wie Glaube im Gehirn entsteht. München Zürich (Piper)

Niedecken, D. (2001): Versuch über das Okkulte. Eine psychoanalytische Studie. Tübingen (edition discord)

Nikolaus von Kues (1964–1967): Philosophisch-theologische Schriften. Lateinisch-Deutsch. 3 Bände. Wien (Herder)

Nishida Kitaro (1993): Über das Gute. Frankfurt M. (Insel)

Novalis: Schriften 1 (1960); 2 (1960) 3 (1968). Stuttgart (Kohlhammer). Herausg. P. Kluckhohn und R. Samuel

–   (1977): Werke I, 3. Aufl. hrg. v. P. Kluckhohn und R. Samuel. Darmstadt (Wissenschaftliche Buchgesellschaft)

Panneerselvam S. (2004): Indische Philosophie im 20. Jahrhundert. In: Polylog. Zeitschrift für interkulturelles Philosophieren. 10, 11, 2004, S. 6–16

Panofski, D. u. E. Panofski (1992): Die Büchse der Pandora. Bedeutungswandel eines mythischen Symbols. Frankfurt M. (Campus)

Parthasarathy, A. (1985): The Symbolism of Hindu Gods and Rituals. Bombay (Vedanta Life Institute)

Pastoureau, M. (1995): Des Teufels Tuch. Eine Kulturgeschichte der Streifen und der gestreiften Stoffe. Frankfurt am Main (Campus)

Perez-Remon, J. (1980): Self and Non-Self in Early Buddhism. Paris New York (Mouton Publishers. The Hague)

Pindars Werke (1855/56):Griechisch mit metrischer Übersetzung von J.A. Hartung. Leipzig (Engelmann), 4 Bände

Poetter, Jochen (Hg.) (1988): Michelangelo Pistoletto. Staatliche Kunsthalle Baden-Baden 08.10.–27.11.1988

Potter, K. H. (1981): Encyclopaedia of Indian Philosophies. Vol. III. Advaita Vedanta. Up to Samkara and his pupils. Delhi (Motilal Banarsidass) und Princeton New Yersey (Princeton University Press)

Pucci, I. (1992): Bhima Swarga. The Balinese Journey of the Soul. Boston Toronto London (Bulfinch. Little, Brown and Company)

Quispel, G. (1967): Makarius, das Thomasevangelium und das Lied von der Perle. Leiden (Brill)

Ramachandra Rao, S. K. (1988): Yantras. Delhi (Satguru)

–   (1990a): Agama Kosha. (Agama Encyclopaedia) Vol. II. Saiva and Sakta Agamas. Bangalore (Kalpathuru Research Academy)

- (1990b): Tantrik practices in Sri-Vidya. Banagalore (Kalpathuru Research Academy)
- (1991): Pratima Kosha. Encyclopaedia of Indian Iconography. Vol. IV. Bangalore (Kalpathuru Research Academy)

Rau, R. (1978): Indien. Kunst- und Reiseführer. Stuttgart Berlin Köln Mainz (Kohlhammer)

Rizzolatti, Giacomo and Laila Craighero (2004): The Mirror-Neuron System. Anna. Rev. Neurosci 27, 169–92

Röder, K. (2005): Der Gelbe Kaiser und die chinesische Medizin. In: Christine E. Gottschalk-Batschkus und Joy C. Green (2005): Der große Lebenskreis. Ethnotherapien im Kreislauf von Vergehen, Sein und Werden. Norderstedt (Books on Demand), S. 261–268

Rolland, R. (1965): Vivekananda. Zürich und Stuttgart (Rotapfelverlag)

Rose, J. (2003): Replik auf Edward Said. In: Edward W. Said (2003): Freud und das Nichteuropäische. Zürich (Dörlemann)

Safranski, R. (2004): Schiller oder Die Erfindung des Deutschen Idealismus. München Wien (Hanser)

Schillers Werke I (1907): Auf Grund der Hempelschen Ausgabe neu herausgegeben von R. Boxberger und W. v. Maltzahn. Berlin Leipzig Wien Stuttgart (Bong)

Schimmel, A. (1985): Mystische Dimensionen des Islam. Köln (Diederichs)

Schommers, W. (2002): Formen des Kosmos. Physikalische und philosophische Facetten der Wirklichkeit. Kusterdingen (Die graue Edition)

Scholem, G. (1970): Über einige Grundbegriffe des Judentums. Frankfurt M (Suhrkamp)

Schoppert, P. und L. Haks (Hg.) (1990): Borobudur. Prayer in Stone. Singapur (Archepelago Press)

Schrödinger, E. (1993): Was ist Leben? München Zürich (Piper)

Sharan, J. (1991): The Myth of Saint Thomas and the Mylapore Temple. New Delhi (Voice of India)

Sharma, A. (1995): The Philosophy of Religion and Advaita Vedanta. Pennsylvania (The Pennsylvania State University Press, University Park)

Shearer, A. (1993): The Hindu Vision. Forms of the Formless. London (Thames and Hudson)

Silesius, A. (2002): Gesammelte Werke. Herausg. und eingeleitet v. H.L. Held. Wiesbaden (Hanser/Fourier)

Simmen, J. (1998): Kasimir Malewitsch. Das Schwarze Quadrat. Vom Anti-Bild zur Ikone. Frankfurt M. (Fischer)

Sinha, I. (1993): Tantra. The Search for Ecstasy. London (Hamlyn)

Stein, A. u. H. Stein (1984/1987): Kreativität. Psychoanalytische und philosophische Aspekte. 1. Aufl. München (Joh. Berchmans), 2. Aufl. Fellbach-Oeffingen (Bonz)

Stein, H. (1979): Psychoanalytische Selbstpsychologie und die Philosophie des Selbst. Meisenheim am Glan (Hain)

- (1980): Gibt es einen gnostischen Narzissmus? In: Archiv für Religionspsychologie 14, 161–167
- (1982): Plotin und Freud. Versuch über den philosophischen Kontext des »wahren Selbst« (Winnicott). In: Zeitschrift. f. Klinische Psychologie und Psychotherapie 30, H. 4, 293–302
- (1985): Die Geometrie des »wahren Selbst« (Winnicott). – Über eine psychoanalytische Leibniz-Studie von F. Eckstein aus dem Jahre 1931. In: Zeitschrift f. Klinische. Psychologie, Psychopathologie und Psychotherapie 33, 367–376
- (1986): Heraklit und Freud. Der Logos in Wissenschaft, Philosophie und Religion. In: Archiv für Religionspsychologie 17, 119–129
- (1986): Freud, Winnicott, Parmenides. Philosophische Fluchlinien der Psychoanalyse. In: Psyche 40, 162–181
- (1990): Freuds letzte Lehre (Eros und Todestrieb) und die »Wiederkehr des Verdrängten« in der jüdischen Mystik. In: Archiv für Religionspsychologie 19, 99–110
- (1992): Psychoanalyse als »Philosophische Praxis«. In: Information Philosophie 5, 44–46
- (1993): Freuds letzte Lehre oder Eros und die Linien des Affen Aziut. Heidelberg (Wunderhorn)
- (1994): Affen als Lehrmeister? Psychoanalytische Tierpsychologie versus Verhaltensforschung. Psychoanalyse im Widerspruch. H. 11, 94–99
- (1997): Freud spirituell. Das Kreuz (mit) der Psychoanalyse. Leinfelden-Echterdingen (Bonz). Taschenbuch: (2001) Kleinkönigsförde/Krummwisch (Königsfurt)
- (2003): Braucht die Psychoanalyse eine Lebenskunstlehre? Gespräch mit Michael B. Buchholz und Günter Gödde. In: Journal für Psychologie, 11, 3, 305–322
Stockinger, L. (2001): Das »Selbst« und das »selbst«. Zur Deutung von *Kenne dich Selbst* im Lichte der neu aufgefundenen Handschrift. In: Novalis. Das Werk und seine Editoren. S. 87–101. Schloß Oberniederstedt (Forschungstätte für Frühromantik und Novalis-Museum)
Strack, F. (2004): Fragmenta cognitionis: Zur romantischen Fragmentkonzeption von Friedrich Schlegel und Novalis. In: Schriften zur Literaturwissenschaft Band 24. Hrg. Von V. Kapp, H. Kiesel, K. L. Lubbers und P. Plummer, S. 343–364
Strasser P. (2004): Gibt es ein Leben nach dem Tod? Gehirne, Computer und das wahre Selbst. München (Wilhelm Fink)
Tapies, A. (1993): Kunst und Spiritualität. Moderne Kunst, Mystik und Humor. St. Gallen (Erker)
Thamm, B.G. (2004): Terrorbasis Deutschland. Die islamistische Gefahr in unserer Mitte. Kreuzlingen/München (Hugendubel/Diederichs)
Theobald, W. (2002): Mythos Natur. Die geistigen Grundlagen der Umweltbewegung. Darmstadt (Wissenschaftliche Buchgesellschaft)

Thomä, H. (1999): Zur Theorie und Praxis von Übertragung und Gegenübertragung im psychoanalytischen Pluralismus In: Psyche 9/10, 820–872

Tibi, B. (2000): Fundamentalismus im Islam. Darmstadt (Wissenschaftliche Buchgesellschaft)

Trüb, H. (1951): Heilung aus der Begegnung. Eine Auseinandersetzung mit der Psychologie C.G. Jungs. Herausg. von E. Michel. Stuttgart (Klett-Cotta)

Tucci, G. (1972): Geheimnis des Mandala. Weilheim/Obb. (Barth)

Vivekananda, S. (1989): Vedanta. Der Ozean der Weisheit. Weilheim (O.W. Barth)

Van der Waerden, B.L. (1979): Die Pythagoreer. Religiöse Bruderschaft und Schule der Wissenschaft. Zürich und München (Artemis)

Vargas, A. Narváez (2002): »Mesa«, In: Jean-Hubert Martin. Altäre. Katalog museum kunst palast Düsseldorf. Ostfildern-Ruit (Cantz), S. 252–255

Wagner, R. (1968): Die Gnosis von Alexandria. Stuttgart (Urachhaus)

Wening, R. (1965): Angkor. Die vergessene Tempelstadt im Urwald. Zürich (Silva)

Von Weizsäcker, C.F. und G. Krishna (1971): Biologische Basis religiöser Erfahrung. Weilheim (O.W. Barth)

Von Weizsäcker, C.F. (1977): Der Garten des Menschlichen. Beiträge zur geschichtlichen Anthropologie. München Wien (Hanser)

–   (1981): Ein Blick auf Platon. Stuttgart (Reclam)

–   (1985): Aufbau der Physik. München, Wien (Hanser)

Von Weizsäcker, V. (1988): Gesammelte Schriften. Frankfurt M. (Suhrkamp)

Wetterich, Ch. (2003): Dunkle Mächte. Auf der Suche nach der Kraft, die unser Universum beherrscht. Ruperto Carola. Forschungsmagazin der Universität Heidelberg 3, 25–30

Wichard, W. u. W. Weitschat (2004): Im Bernsteinwald. Hildesheim (Gerstenberg)

Wimmer, F.M. (2004): Interkulturelle Philosophie. Wien (Facultas. WTB; UTB 2470)

Winnicott, D.W. (1965): Reifungsprozesse und fördernde Umwelt. München (Kindler)

Wittgenstein, L. (1984): Werkausgabe in 8 Bänden Frankfurt M. (Suhrkamp)

Zahlhaas, G. (2002): Luristan. Antike Bronzen aus dem Iran. München. (Archäologische Staatssammlung. Museum f. Vor- und Frühgeschichte u. I, P. Verlagsanstalt. Germering)

Zaunschirm, Th. (1999): Die Farben Schwarz. Wien (Springer)

Abbildungen

Titelbild: Passage, vers 1949.
Dessin: 12,7 x 11,6. Papier 13 x 18cm. Pastel sur papier.
Aus: Serge Lemoine.
Officin Zürich Galerie Schlégl 1992: Pastels d'Aurélie Nemours, S. 25

159

2005 · ca. 180 Seiten · Broschur
EUR (D) 19,90 · SFr 34,90
ISBN 3-89806-475-1

2005 · 220 Seiten · Broschur
EUR (D) 19,90 · SFr 34,90
ISBN 3-89806-346-1

Warum wurde der Irakkrieg geführt? Wegen der angeblichen Massenvernichtungswaffen? Hinter den offiziellen Rechtfertigungen verbergen sich fast immer psychologische Mechanismen, die zum Verständnis der Dynamiken kriegerischer Auseinandersetzungen ebenso wichtig sind wie die politischen und geostrategischen Fakten. Gewalt ist dabei das Mittel, Erfahrung mit sich selbst im Spiegel des Anderen zu vereiteln.

Ein vertieftes Verständnis gewaltsamer internationaler Konflikte ist nur möglich, wenn man die verborgenen psychosozialen Motivationen und die verheimlichten ökonomischen und politischen Interessen dahinter versteht. Namhafte Beiträger bis hin zu Noam Chomsky stellen dazu in diesem Buch in verständlicher Weise aktuelle, neue und originelle Ansätze vor.

In unterschiedlichsten Beiträgen nimmt der bekane Psychoanalytiker und Sozialphilosoph Horst-Eberhardt Richter Stellung zu aktuellen gesellschaftlichen Fragen. Im Mittelpunkt steht dabei die Auseinandersetzung mit der Frage nach der Fähigkeit der Menschen, aus Erfahrungen zu lernen und daraufhin ihr Denken und Handeln zu verändern. Daraus entwickelt Richter die Vision einer alternativen Völkergemeinschaft mit erweitertem Verantwortungssinn und gegenseitiger Achtung.

P🔲V
Psychosozial-Verlag

Goethestr. 29 · 35390 Gießen · Tel. 06 41/ 97 16903 · Fax 77742
bestellung@psychosozial-verlag.de
www.psychosozial-verlag.de

2005 · 245 Seiten · gebunden
EUR (D) 22,90 · SFr 39,90
ISBN 3-89806-451-4

2005 · 367 Seiten · gebunden
EUR (D) 36,– · SFr 62,–
ISBN 3-89806-255-4

»Fünf Geschichten in der besten Tradition von Sigmund Freud, der die Krankengeschichte zur literarischen Form der Novelle entwickelte. ... Akeret erzählt die Geschichten seiner Patienten mit ansteckender Leidenschaft für seine therapeutische Aufgabe ... . Es gelingt ihm, die Erzählung ihrer Lebensgeschichte, ... seine heutigen Eindrücke von diesen Menschen und seine eigenen Gefühle auf der Reise zu in sich geschlossenen Geschichten zu verknüpfen. ... Aus den Qualen seiner Patienten und seinen inneren Skrupeln, ob er denn gute Arbeit geleistet hat, ist sein Buch entstanden. ... Man liest [es] auch deswegen gern, weil Akeret ... sich nicht an starre Regeln seiner psychoanalytischen Zunft hält.«

Ulfried Geuter, Deutschlandradio Kultur

Als prominenter Vertreter der Interpersonalen Psychoanalyse beschäftigt sich Stephen Mitchell eingehend mit den verschiedenen Aspekten therapeutischen Handelns in der Psychoanalyse, wie Anonymität und Neutralität und dem Wesen analytischen Wissens und Autorität. Er erläutert eine Vielzahl unterschiedlicher Arten, über die interaktive Natur der psychoanalytischen Situation nachzudenken, und regt zur weiteren Reflexion an.

»Mir scheint, dass Mitchells herausragende Beiträge zur Psychoanalyse in diesem ungemein wichtigen Buch ihren Gipfelpunkt erreicht haben. ... [Es] ist ein wundervoll inhaltsreiches und auch recht mutiges Buch, das uns zeigt, wo wir heute in der Psychoanalyse stehen und in welche Richtung wir weitergehen müssen.«

Owen Renik, M. D., San Francisco Psychoanalytic Institute

P⊞V
Psychosozial-Verlag

Goethestr. 29 · 35390 Gießen · Tel. 06 41/ 97 16 903 · Fax 77742
bestellung@psychosozial-verlag.de
www.psychosozial-verlag.de

Juni 2006 · ca. 320 Seiten · Broschur
EUR (D) 29,90 · SFr 52,–
ISBN 3-89806-321-6

Juni 2006 · ca. 700 Seiten · gebunden
EUR (D) 46,– · SFr 79,50
ISBN 3-89806-449-2

Wie schon im ersten Band der Psycho-News unternimmt es der Autor, in monatlich verfassten Brief-Essays den aktuellen Forschungsstand zu Psychoanalyse und Psychotherapie darzustellen. Themen sind u. a. Biografieforschung, Entwicklungspsychologie, Psychotherapiewirkung, Sprechen und Stottern, Schönheit und Zeit – immer in einer weit ausgreifenden Darstellung, die nicht auf Fachliteratur beschränkt ist.

Nirgendwo bekommt man einen derart griffig geschriebenen Überblick über die verstreute Psychotherapieforschung bei so hoher Aktualität – über den Stand und die Praxisnähe der psychotherapeutischen Forschung, was Psychoanalytiker denken und wie sie klinisches Wissen in die Praxis umsetzen.

Dieser III. Band der umfassenden Enzyklopädie über das Unbewusste würdigt die Einflüsse der Theorien des Unbewussten in einer ganzen Reihe von Praxisfeldern. In den letzten Jahrzehnten haben sich die praktischen Arbeitsgebiete der Psychotherapeuten in erheblichem Umfang auf Coaching, Supervision und Organisationsberatung ausgeweitet. Auch die Analyse unbewusster Prozesse in gesellschaftlichen und politischen Konfliktbereichen ist von großer Relevanz, wie die vorliegenden Beiträge zu den Themen Tabu, Antisemitismus und Völkermord zeigen; dazu gehört auch ein Blick auf die Folgen der Globalisierung. Abgerundet wird dieser Band durch Studien zu den Einflüssen des Unbewussten auf die Literatur, Musik und Bildende Kunst, aber auch auf die Lebenskunst, insbesondere Freundschaft und Liebe.

Psychosozial-Verlag

Goethestr. 29 · 35390 Gießen · Tel. 0641/9716903 · Fax 77742
bestellung@psychosozial-verlag.de
www.psychosozial-verlag.de